Mitos del diván

Breves notas introductorias al psicoanálisis

Mitos del diván

Breves notas introductorias al psicoanálisis

Alexis Schreck Schuler
Coordinadora

Mitos del diván, 2010
Directora de la colección: María del Pilar Montes de Oca Sicilia
Edición y redacción: María del Pilar Montes de Oca Sicilia
Coordinación: Alexis Schreck Schuler
Arte editorial: Victoria García Jolly
Revisión y cuidado: Francisco Masse
Ilustración: Sergio Neri

D. R. © Editorial Lectorum, S. A. de C. V.
Centeno 79-A
Col. Granjas Esmeralda
C. P. 09810, México, D. F.
Tel. 55 81 32 02
www.lectorum.com.mx

Bajo acuerdo con:

© Editorial Otras Inquisiciones, S. A. de C. V.
Pitágoras 736, 1er. piso
Col. Del Valle
C. P. 03100, México, D. F.
Tel. 54 48 04 30
www.editorialotrasinquisiciones.com

Primera reimpresión: octubre de 2010

ISBN: 978-607-457-099-1
Editorial Lectorum, S. A. de C. V.

D. R. © Diseño de portada: Nayeli Alejandra Espinosa

Un especial agradecimiento
a Tamara Luengo
por su valiosa colaboración
en este libro.

CONTENIDO

Presentación

«Conócete a ti mismo.»
Sócrates

¿Cuántas veces nos hemos topado con una encrucijada en nuestra vida, con algo que no podemos manejar, que nos rebasa? ¿Cuántas veces hemos estado abatidos, inmersos, topados? ¿Cuántas veces más vemos en los otros lo que nosotros deseamos y, por ello, vivimos avinagrados, confundidos, deprimidos y cansados? A algunos nos pasará esto una sola vez, a otros muchas o todo el tiempo, a unos más pronto que a otros, en nuestra infancia o en nuestra adolescencia, a otros nos pasará después en nuestra adultez, resultado de ciertos eventos o cambios en nuestro devenir o de haber cruzado *La línea de la sombra,*[1] otros quizá —que no es su caso, de seguro, querido lector, ya que tiene este libro en las manos— nunca lo vivan.

¿Qué hacer? Históricamente la gente iba al mago, al brujo, consultaba el oráculo, se hacía sangrías o limpias o lobotomías, se iba

---

1 Concepto acuñado por Joseph Conrad en su novela *La línea de sombra.*

a confesar o, tan sólo, optaba por la resignación; hasta que Freud nos abrió el camino al instaurar una nueva manera de copar con la historia, con la propia historia; una nueva manera de enfrentar nuestro inconsciente: lo que nos pasa, lo que sentimos; un modo nuevo de incidir en este intrincado proceso que es la mente, la *psique*: el paso de los pensamientos a los sentimientos a la acción.

La tercera herida narcisista de la humanidad —la primera es la revolución copernicana y la segunda, la teoría de la adaptación de Darwin—, tal y como el mismo Freud señaló, apunta a la existencia de un inconsciente que está estrechamente ligado a todo lo que hacemos, pensamos y sentimos, y en el que, para poder aliviar ciertos síntomas de neurosis o problemas intrínsecos de nuestro ser, de nuestro devenir y nuestra personalidad, deberemos indagar por medio del psicoanálisis, una técnica que Freud instauró y que ha sido conocida como *the talking cure* o «la cura del habla».

Sin embargo, su teoría —además de haberse simplificado, vituperado y trivializado hasta el cansancio—, a más de cien años, es distante y desconocida para el hombre común y campante, para el lego, para aquel que no ha emprendido esta aventura o incluso para quien sí ha experimentado terapias «diversas» o «alternativas» que pueden —como todo— estar llenas de incertidumbres, equívocos y mitos.

Conocemos poco del psicoanálisis y por ello a veces permanecemos en la ignorancia —o simplemente no aprovechamos la oportunidad— y pensamos —y creemos— que si vamos con un psicólogo es lo mismo que ir con un psicoanalista o que son lo mismo o que un psiquiatra nos ayuda igual; que la terapia no sirve para nada, porque «yo no estoy loco»; que eso de ir al psicólogo es para dementes; que «los loqueros se la pasan analizando a todo el mundo en todos lados» y además que ahí, frente al diván, callados, con sus lentes y pluma fuente, con cara de avinagrados, no nos entienden ni son comprensivos, sino distantes y fríos; incluso llegamos a pensar que «Freud era un pervertido» y sólo pensaba en sexo; y que si vamos a terapia, creamos una dependencia fatal y sin remedio.

Que si el psicoanálisis se ha quedado obsoleto; que si ha sido superado por otras corrientes y disciplinas terapéuticas y que por lo tanto ya no está de moda; que eso de hurgar en el pasado y en la infancia es horrible, doloroso y además no tiene sentido; que en el diván te quedas dormido; que el Ello, Yo y Superyó no existen y si existen son lo mismo; que los sueños se pueden interpretar con un manual y que hay gente «normal» y «anormal»; son sólo algunos de los mitos que pueblan la imaginación y el inconsciente colectivo.

Por eso en este libro, *Mitos del diván,* nos hemos dado a la tarea de desmitificar y aclarar muchas de las dudas, desaciertos e incomprensiones que hay sobre este tema. Nosotros, los editores de Otras Inquisiciones, hemos instaurado una primera piedra —angular— para el entendimiento de esta disciplina y teoría, por medio de artículos sucintos y claros, escritos por connotados psicoanalistas y al alcance de todos, que además inauguran nuestra COLECCIÓN MITOS que irá creciendo poco a poco.

El reto, en este caso, es muy grande, ya que pusimos manos a la obra para desenredar el lenguaje cifrado y propio de los psicoanalistas y traducirlo en términos claros para que todos, de verdad, entiendan la divulgación de la disciplina. A mí se me ha dado la tarea de llevar a cabo esta paráfrasis que también ha pasado por el ojo de la coordinadora Alexis Schreck Schuler.

La idea es que el lector se quede con un panorama limpio, por voluntad, por cultura general, por necesidad, por curiosidad o, simplemente, por gusto, y aclare los mitos y las dudas que la sabiduría popular —que a veces de tan sabia se confunde— tiene sobre esta ciencia.

Una ciencia que, sin lugar a dudas, a más de cien años, sigue siendo moderna, contemporánea y actual; una disciplina que tanto tiene aún por aportar y decir, por cambiar y explorar —del cerebro y la mente aún sabemos muy poco—, y que tantas vidas ha cambiado, empezando con la de quien esto escribe. ⊗

María del Pilar Montes de Oca Sicilia

Introducción

«Sólo los bárbaros carecen de curiosidad
con respecto a su origen,
sobre cómo llegaron hasta donde están,
hacia dónde parecen ir,
si quieren ir en esa dirección, por qué, y si no, por qué no.»

Isaiah Berlin

Ha pasado más de un siglo desde que Freud propuso su teoría y su técnica —porque el psicoanálisis es las dos cosas y también un método de investigación de los procesos inconscientes—, y de ella han surgido cientos de corrientes, formas o ramas, algunas consideradas dentro del mismo psicoanálisis y otras divergentes —o que podríamos llamar «heréticas» porque no son consideradas dentro de los preceptos básicos que rigen esta disciplina—. A raíz de su éxito se difundieron una gran cantidad de mitos y mentiras, la mayoría desprestigiándolo: ideas falsas lo tergiversaron, y la ignorancia y el descuido confundieron un concepto con otro hasta armar un champurrado imposible de tragar. La idea central de este libro es lograr desmitificar algunas de ellas para «clarificar el menjurje», para «blanquear al espécimen» y así poder saber a «ciencia cierta» qué es el psicoanálisis y para qué nos puede servir.

Por un lado, el psicoanálisis aparece enganchado del brazo de las ciencias naturales —lo médico, lo fisiológico— y por el otro, de la filosofía —que deja al misticismo, las creencias y la religión atrás—, y cuenta con la investigación para alcanzar el estatuto de ciencia. Puede ser que el psicoanálisis sea complicado pero no tanto como para alejarse de él. Sin embargo, hasta ahora, los psicoanalistas estábamos ocupados con la investigación y la práctica, y pocas veces nos habíamos hecho del tiempo para hablar de él a los demás, para difundirlo, para aclarar dudas y explicarlo en términos más sencillos.

La confrontación y la resistencia que genera el psicoanálisis en el mundo actual —que vemos todos los días entre nuestros amigos, familiares y conocidos— nos hace darnos cuenta de que la gente en general —el hombre común y corriente, el lector no iniciado— ha quedado fuera de este conocimiento, tan interesante, y éste ha sido simplificado, abreviado y, por lo tanto, banalizado. Para explicar claramente qué es el psicoanálisis, en qué consiste la terapia y qué es lo que logra, hemos invitado a diferentes psicoanalistas a aclarar distintas ideas preconcebidas, tan arraigadas que casi son parte de nuestra cultura, y se han convertido en mitos.

Las ideas que conforman estos mitos son variadas. A veces toda la idea es incorrecta; en otros casos es la premisa inicial del mito la que es errada, confusa y poco comprendida, o bien, el mito no ha sido interpretado adecuadamente, sino que ha sido simplificado y necesita ser reelaborado y completado. A lo largo del libro aparecerán temas comunes que se repiten —con diferentes enfoques— y que son la columna vertebral de esta disciplina.

ଷ En el primer capítulo Nancy Tame Ayub desmiente que un psiquiatra, un psicólogo y un psicoanalista sean lo mismo, cuando se trata de tres disciplinas diferentes con orígenes distintos.

ଷ En el segundo, Gabriela Mustri desmitifica la noción de *locura*, y sostiene que el psicoanálisis clásico es un tratamiento más bien para cuerdos, para aquellos que toleran la intensidad de verse a sí mismos. En él también se analiza la infelicidad de nuestros días posmodernos y su relación con la terapia.

ଷ Elena Castañeda aclara un prejuicio que siempre segmenta y aísla a los psicoanalistas en las reuniones sociales, pues pareciera que tenemos el poder mágico —¡y las ganas!— de analizar a todo el mundo todo el tiempo. No sólo el psicoanálisis implica una disciplina y un oficio difícil para el que estudiamos varios años, sino que requiere de una técnica, un encuadre y unas condiciones específicas.

ଷ Miriam Grynberg nos cuenta uno de los casos más famosos del psicoanálisis, el que cimentó sus inicios, para despejar la noción de *dependencia* que se asocia a la relación del paciente con su analista y explicarnos un concepto central: la transferencia.

ଷ Toffie Sasson y Beatriz Jasqui nos pasean por las ideas de Freud en torno al concepto *sexualidad*, uno de los más importantes de la teoría psicoanalítica. El objetivo es diferenciar entre sexualidad y sexo: la primera inicia con la vida misma, a través de la relación corporal del bebé con su madre y con el entorno, y no es lo mismo que sexo, y menos aún que el acto sexual.

ଷ La caricatura del psicoanalista frío, estricto e inhumano, sentado detrás del diván, escuchando y tomando notas, es uno de los mitos más difundidos en la actualidad. Luz María Peniche nos explica las razones de estas ideas y preconceptos.

ᘒ Tammy Kalach aborda las resistencias del individuo para aceptar esta disciplina, debido a que implica enfrentarse con lo desconocido. Si, como sucede en el mundo moderno, el sufrimiento y el dolor son negados, parecería que el psicoanálisis no tiene lugar.

ᘒ Para desmentir la idea de que el psicoanálisis no se ha actualizado y ha quedado obsoleto en tiempos posmodernos, Ricardo Velasco nos aclara que es una disciplina plural, fecunda y, sobre todo, vital y actual.

ᘒ Yo me encargo del noveno mito: la idea de que en la terapia tenemos que viajar al pasado y recordar toda nuestra infancia, cuando realmente es el pasado el que viene a nosotros, de forma cultural, natural y reincidente.

ᘒ No todos los terapeutas ni las terapias psicoanalíticas son iguales. Estas diferencias serán comentadas y ejemplificadas por María Luisa Saldaña en el décimo capítulo.

ᘒ De todas las psicoterapias, sólo el psicoanálisis se efectúa en un diván, pero no todo lo que se hace en un diván es psicoanálisis. Norma Sicilia nos desmitifica la cuestión del diván, desde cómo y por qué Freud estableció su uso hasta el debate que existe entre los psicoanalistas de hoy.

ᘒ Luz María Solloa nos aclara a qué nos referimos cuando hablamos de Ello, Yo y Superyó. Esta explicación nos da luz sobre el significado del ser, sobre aquello que nos hace humanos y sobre la manera en que conocemos y nos relacionamos con el mundo.

‭ Julio Ortega Bobadilla expone el tema de los sueños y su interpretación a lo largo de los siglos, hasta llegar al psicoanálisis. Contrasta el método freudiano con las traducciones lineales que se han realizado antes, y también expone, con ejemplos, las razones por las que es imposible elaborar un «diccionario de sueños».

‭ Amelia Jassán pone en duda la noción de *normalidad* como fin último de la experiencia psicoanalítica y nos invita a pensar en lo singular de la búsqueda del sentido individual.

Los invitamos a que hagan este recorrido con nosotros, merodeando las páginas de este libro con curiosidad, y esperamos que cada mito desmitificado les aclare la mente y los acerque un poco más a la terapia, para que la comprendan mejor y, por supuesto, y ¿por qué no?, para que la lleven a cabo. ‮

Alexis Schreck Schuler

—*¿Cuántos psiquiatras hacen falta para cambiar un foco?*
—*¿Desde cuándo tiene usted esa fantasía?*

—*¿Cuántos psicólogos hacen falta para cambiar un foco?*
—*¿Y cuántos cree usted que hacen falta?*

—*¿Y cuántos psicoanalistas hacen falta para cambiar un foco?*
—*Uno, pero el foco debe querer ser cambiado.*

MITO 1

Psicología, psiquiatría y psicoanálisis son lo mismo

Nancy Tame Ayub

Si alguna vez ha tenido la intención de consultar a un psicólogo, a un psiquiatra o a un psicoanalista, y no ha sabido a quién de los tres acudir, en las siguientes páginas le ofrecemos —para que no los confunda— un panorama completo con detalles de la historia, de las disciplinas y de la formación de cada uno.

UNA POR UNA

La psicología clínica aspira a ser una ciencia y una profesión que se orienta a comprender la conducta humana. Aunque para muchas personas *psicología* y *psiquiatría* pueden significar lo mismo, son disciplinas distintas, tanto en principio como en desarrollo.

Para reconocerlas es necesario conocer su historia, en la que se hace patente que sólo a través de las patologías el ser humano pudo darse cuenta que para entender el mundo, primero, tenía que entender su mente.

1. De la medicina a la psiquiatría. La Revolución Francesa marcó el surgimiento de la clase media y de una época que empezó a prestar atención —de manera especial— al enfermo mental. Philippe Pinel (1745-1826) se alarmó al ver las condiciones de suciedad y de falta de libertad en las que vivían los enfermos mentales, y luchó para que tuvieran derechos y mejores condiciones de vida. Pinel tuvo dos contribuciones muy importantes para la psiquiatría: intentó analizar y clasificar los síntomas, y trató a los pacientes mediante un concepto nuevo para aquella época: con un tratamiento moral; es decir, con una intervención más humana que integraba el aspecto emocional con el fisiológico.

Un siglo más tarde, Emil Kraepelin (1856-1926), considerado el fundador de la psiquiatría científica moderna, fue quien propuso un modelo médico para la enfermedad mental; además, identificó diversos padecimientos mentales como la psicosis maniaco depresiva —actualmente llamada *trastorno bipolar*— y la demencia precoz —hoy denominada *esquizofrenia*—. Él anunció que las enfermedades mentales serían conquistadas por la medicina.[1]

Breve evolución de la psiquiatría

1563	El pionero de la psiquiatría Johann Weyer (1515-1588) publica *Acerca de las ilusiones de los demonios y en hechizos y venenos*. Weyer trabajó en una época en la que se creía que las enfermedades mentales y sus manifestaciones eran producto de la brujería y de lo sobrenatural.
1577	Weyer intenta explicar, con base en el conocimiento médico, la variedad de signos sobrenaturales que se observan en las personas consideradas embrujadas en un apéndice —«El falso reino de los demonios»— que agrega a su libro. Cuando el conocimiento médico resultaba insuficiente, como sucedía con las alucinaciones, Weyer atribuía estos fenómenos a una combinación de factores médicos y sobrenaturales.
1789	Pinel promueve que la psiquiatría se vuelva más científica y que las enfermedades mentales se traten de manera similar a los desórdenes físicos.
1883 - 1915	Kraepelin plantea, durante la publicación de las ocho ediciones de su obra *Tratado de psiquiatría*, que los estados psicóticos y la discapacidad intelectual —que se llamaba *retraso mental*— son enfermedades físicas: con una causa, una serie de síntomas y una duración determinada.

2. De la filosofía a la psicología. Fue poco a poco que la psicología se estableció como una disciplina autónoma a la filosofía y a la fisiología. La experimentación o psicología experimental desarrollada a partir de 1870 abrió diferentes campos de estudio que relacionaban lo psicológico con lo biológico.

El padre de la psicología clínica fue Lightner Witmer[2] (1867-1956), quien se interesó y profundizó en un concepto común —que en esos tiempos no era tan obvio—: las diferencias individuales. Con la aplicación de métodos científicos, los psicólogos centraron su interés e investigaciones en las diferencias individuales y desarrollaron instrumentos de evaluación a partir de éstas.

Con el correr de los años las demandas de pacientes con «inestabilidad emocional» aumentaron y los servicios de salud mental no estaban disponibles para la mayoría de la población. La diversidad y cantidad de casos provocó que el estudio de la psicología se ramificara y especializara.

Actualmente es una disciplina con un gran número de especialidades: psicología educativa, social, industrial, experimental, neuropsicología, psicofisiología, psicología comunitaria, psicología clínica, entre otras. Es esta última la que, frecuentemente, se confunde con la psiquiatría.

A más de cien años de su fundación, el campo de la psicología clínica es cada vez más amplio y con mayor influencia en la vida de las personas. Así también, continúa explorando e investigando las posibles respuestas a las incógnitas fundamentales de la conducta humana. Una de las principales actividades de los psicólogos clínicos es la psicoterapia, un campo de trabajo y de interés por el ser humano que se comparte con otras profesiones.

Breve evolución de la psicología

s. IV a.C. Aristóteles escribe su *Tratado del alma*. En éste, habla sobre un «principio de vida» al que llama πσικέ y se ha traducido al español como «alma» o *psique*.

1550 Felipe Melanchton (1497-1560), teólogo protestante alemán contemporáneo de Lutero, es el primero que emplea la palabra *psicología* que significa, literalmente, «estudio o ciencia del alma, o de la *psique* o mente».

1590	Rodolfo Goclenius (1547-1628) emplea el término en el título de una obra que recopila los trabajos de varios autores que tratan acerca del «alma».
1732	Christian von Wolff (1679-1754) es el primero que titula un libro de psicología: *Psicología empírica*, y es considerado como el creador de la psicología de las facultades mentales.
1875	El ministro de cultura en Sajonia le ofrece al médico Wilhelm Wundt (1832-1920) una plaza de filosofía en la Universidad de Leipzig, con un enfoque desde las ciencias naturales.
1879	Wundt funda el primer establecimiento para la investigación consagrada a la psicología. En su momento, los psicólogos asumieron que, como otros científicos, ellos también obtendrían el grado de doctorado en filosofía.
1896	Witmer funda la primera clínica psicológica en la Universidad de Pensilvania.

3. De la psicología y la medicina al psicoanálisis. El psicoanálisis —también conocido como *psicología profunda* o *psicodinámica*— nace cuando Sigmund Freud (1856-1939) sustituye la lógica médica de la «mirada» clínica por la de la «escucha»: el paciente ya no habla como un mero informante de la localización y de los tipos de dolores, sino que enuncia un relato histórico; no relata únicamente síntomas físicos y orgánicos, sino que por medio de éstos va descubriendo y construyendo un sentido. De esta forma, al otorgarles un valor simbólico, se puede llegar a los deseos, fantasías y representaciones inconscientes.

Entre los aspectos fundamentales que el psicoanálisis integra a su práctica se destaca la información que puede insinuarse mediante la libre asociación, los sueños y los *lapsus*, el inconsciente, una comprensión diferente de la sexualidad, la interpretación de la historia del paciente y la transferencia, es decir, la experiencia de revivir el pasado con el médico. El concepto de transferencia es esencial en la práctica psicoanalítica, pues es un proceso inconsciente que se «sitúa» en el analista y en la relación de éste con su paciente. Ésta es la diferencia principal entre psicólogos, psiquiatras y psicoanalistas: la interpretación de la transferencia, en la que el repetir sustituye al recordar.

El trabajo de Freud constituye una aportación original. Él no buscó en el mundo «externo», sino que profundizó en el interior del ser humano, dándole a la realidad psíquica otra dimensión. Propuso una perspectiva diferente para comprender la memoria, lo inconsciente, las patologías, las equivocaciones, los *lapsus*, los sueños y los efectos de la relación paciente-psicoanalista.

Breve evolución del psicoanálisis

1886	Pierre Janet (1859-1947) es invitado a trabajar con el neurólogo Jean-Martin Charcot (1825-1893), director del «manicomio» parisino, el Salpêtrière, que utiliza la hipnosis en el estudio de la histeria. Así, descubren que los síntomas en la histeria no seguían el curso normal que se espera en una enfermedad física.
1887	Freud inicia un periodo de autoanálisis y reflexión teórica por medio de correspondencias con Wilhelm Fliess (1858-1928).
1889	Un grupo de médicos viaja a Francia a estudiar estos métodos para tratar la histeria, entre ellos Freud. Josef Breuer (1842-1925) descubre que mediante la hipnosis el paciente puede reproducir el estado mental de la situación que provocó el origen del síntoma. Actualmente esta técnica se conoce como *catarsis breuriana*.
1895	Freud publica *Estudios sobre la histeria*, en colaboración con Breuer.
1896	Freud utiliza por primera vez el término *psicoanálisis*.

1900   Al introducir el «inconsciente» como eje de la teoría psico-
        analítica, Freud termina con una tradición inaccesible y propone
        maneras de revelar lo inconsciente mediante la libre asociación,
        los sueños, los *lapsus*. Este año publica *La interpretación de los
        sueños*.

1905   Freud publica *Tres ensayos sobre una teoría sexual* y *El chiste y su
        relación con el inconsciente*.

1910   Se funda en Nuremberg, Alemania, la Asociación Psicoanalítica
        Internacional.

1939   Muere Freud, en Londres, el 23 de septiembre.

¿EN QUÉ SE PARECEN UN PSICÓLOGO, UN PSIQUIATRA Y UN PSICOANALISTA?

La psiquiatría, la psicología y el psicoanálisis son tres campos que tienen en común el interés por el comportamiento humano, el vínculo con las personas y algunas características del objeto de estudio. Etimológicamente, la semejanza se hace evidente en el prefijo *psico,* que significa «mente» —antes de *e* o *i* se convierte en *psiqu*.

La confusión puede surgir porque muchas veces el psicólogo clínico y el psiquiatra trabajan conjuntamente; por ejemplo, cuando un paciente con depresión acude a su psicoterapia, trabaja los problemas emocionales, las causas y el impacto que su trastorno depresivo tiene en su vida; pero además, necesita el apoyo de medicamentos, que serán recetados por el psiquiatra.

Si bien los programas de estudio de las carreras de estas disciplinas son distintos, coinciden en que se contemplan prácticas clínicas y en numerosas ocasiones el servicio social se realiza en hospitales o centros de salud.

¿EN QUÉ SE DIFERENCIAN UN PSICÓLOGO, UN PSIQUIATRA Y UN PSICOANALISTA?

En principio el origen de los campos de estudio y de sus objetivos difieren: la psiquiatría surgió de la medicina, en tanto que la psicología se desprendió, en gran parte, de la filosofía. El pensamiento y la formación del psiquiatra es médica; en cambio, la del psicólogo está más enfocada a la parte emocional y a las relaciones humanas. De ninguna manera esto significa que los psiquiatras no deban preocuparse por la parte humana o que los psicólogos no tengan que tener conocimientos y estudios sobre las bases biológicas de la conducta.

Existen distintos caminos para comprender la conducta, los trastornos mentales y la forma en que el ser humano aprende, se relaciona —y también se destruye—, pero pueden coincidir en muchos aspectos, como en el interés por descubrir y entender más sobre los procesos que intervienen en el comportamiento y las relaciones entre personas.

El psiquiatra estudia medicina y después cursa una especialidad en psiquiatría, por lo que puede recetar medicamentos. El psicólogo estudia una licenciatura en psicología de cuatro años y medio aproximadamente. Los aspirantes a psicoanalistas, en la mayoría de los casos, son psicólogos clínicos o médicos psiquiatras. La formación psicoanalítica exige un curso propedéutico de un año y cuatro años de seminarios. Los psicoanalistas en formación deben analizarse cuatro veces por semana con un «analista didacta».[3] Los requisitos pueden cambiar de un instituto a otro, pero el de estar en psicoanálisis del prospecto a psicoanalista se mantiene de forma unánime. ∞

NOTAS

1 Salvatore Cullari, *Fundamentos de psicología clínica,* México: Prentice-Hall, 2001.
2 Reconocido por la creación del término *psicología clínica* y cofundador de la primera clínica psicológica en 1896, en la Universidad de Pensilvania, EE. UU.
3 Para que no se «mezclen» los conflictos del analista con los del paciente, Freud propuso que los analistas en formación también vivieran su proceso psicoanalítico, llamado *análisis didáctico,* en donde los analistas en formación accederían a una mejor comprensión de su mundo psíquico y de sus puntos ciegos. El analista didacta tiene mayor experiencia aún, y por eso obtiene la mención de *didacta,* es decir, analista de analistas en formación.

BIBLIOGRAFÍA

Magdaleno José Aceves, *Psicología general,* México: Publicaciones Cruz O., 2000.
Cornelius Castoriadis, *Figuras de lo pensable —las encrucijadas del laberinto VI—,* México: Fondo de Cultura Económica, 2002.
Salvatore Cullari, *Fundamentos de psicología clínica,* México: Prentice-Hall, 2001.
Marco Antonio Dupont, *El ser psicoanalista,* México: Lumen, 2007.
Horacio Etchegoyen, *Los fundamentos de la técnica psicoanalítica,* Buenos Aires: Amorrortu, 2002.
John Forrester, *Seducciones del psicoanálisis: Freud, Lacan y Derrida,* México: Fondo de Cultura Económica, 1997.
_____, **y Lisa Appignanesi,** *Freud's Women,* Liverpool: Basic Books, 1992.
Alfred Freedman, Harold Kaplan y Benjamin Sadock, *Compendio de psiquiatría,* Barcelona: Salvat, 1982.
Sigmund Freud, *Obras Completas,* tomos VII y XVIII, Buenos Aires: Amorrortu, 1984.
André Green, *El tiempo fragmentado,* Buenos Aires: Amorrortu, 2000.
Silvia Tubert, *Sigmund Freud,* Madrid: Grupo Edaf, 2000.

ACERCA DE LA AUTORA

Nancy Tame Ayub cursó la licenciatura y la maestría en Psicología Clínica en la Universidad de las Américas y en la Universidad Iberoamericana, respectivamente. Es psicoanalista de la Asociación Psicoanalítica Mexicana, y autora de *Infertilidad, el dolor secreto.* Ejerce su práctica privada y es psicoterapeuta y psicoanalista en el Centro de Servicios Psicológicos de la Facultad de Psicología de la UNAM. Su correo electrónico es: *nancyt@infinitum.com.mx*

—¡Por favor! Sólo diga que estamos muy ocupados,
no esté repitiendo todo el tiempo en la sala de espera:
«¡Esto está de locos! ¡Esto está de locos!»

MITO 2
No voy al psicoanalista porque no estoy loco

Una razón —aparentemente simple— por la que sólo unos pocos se acercan al psicoanálisis es la idea errónea de que el tratamiento psicoanalítico está dirigido a los que coloquialmente etiquetamos de «locos». Sin embargo, ir a psicoanálisis supone todo lo contrario: un atisbo de cordura y salud mental, y la lucidez necesaria para comprender la trama compleja que nos conforma, la autoestima para confrontarnos y ver lo que no nos gusta de nosotros, además de la valentía para asumir errores y cambiar hábitos.

SER O NO SER, NO ES LA CUESTIÓN

La «locura» es una etiqueta muy temida que se adhiere a todo aquel cuyo funcionamiento se aparta de los «criterios de normalidad» que cada sociedad establece. De esta manera, se entiende que «loco» es aquella persona inadaptada, que distorsiona la realidad y que es una amenaza para sí misma y para su medio familiar y social.

Las agrupaciones humanas muestran poca tolerancia hacia las condiciones que desafían la estabilidad. Esta amenaza consiste en poner al descubierto y cuestionar algunos de los principios y valores que sostienen a una estructura social. Las sensaciones de vacío, depresión y angustia —por mencionar sólo algunas de las manifestaciones del pesar humano— son muestras de que ciertos principios promulgados como universales no son la fuente de felicidad que prometen ser.

Tal como los individuos manifiestan una amplia variedad de mecanismos psíquicos que les ayudan a manejar verdades desagradables y a conservar una posición de certeza frente a diversos aspectos de su vida, también encontramos que las sociedades recurren a diversas estrategias para mantenerse cohesionadas e incólumes frente a todo aquello que amenace su estructura. Una tendencia común es la de alienar y marginar a todo aquel que, mediante su descontento y su dolor emocional, denuncia y critica los vicios, las fallas y los valores imperantes de una sociedad. De este modo, se traza «socialmente» una línea que separa lo «normal» de lo «anormal», sin admitir puntos medios ni gradación alguna.

INSATISFECHOS CON NUESTROS DESEOS

El hombre es un eterno buscador de paliativos para mitigar y hacer tolerable el dolor que acompaña su existencia, o bien —en el caso de los más afortunados—, de encontrar modos creativos y enriquecedores para dar sentido a su vida.

Sigmund Freud sostuvo que el hombre viene al mundo en una condición de desamparo: al nacer depende de forma absoluta de otro para sobrevivir, le pesa la realidad y está eternamente destinado a toparse con la incapacidad de satisfacer sus deseos inconscientes más primarios, porque vivir le depara innumerables desilusiones. Desde este punto de vista, la imposibilidad de ser y de tener todo lo que deseamos provoca que, de manera inevitable, el sufrimiento emocional forme parte de nuestra vida. La tristeza, el dolor, el miedo, la ansiedad, la incertidumbre, la frustración, la inseguridad, colorean en mayor o en menor grado nuestras experiencias y modelan nuestra personalidad.

INADAPTACIÓN AL MEDIO

Observemos la sociedad desde la escala de una «familia ejemplar» en la que la armonía se ve perturbada por la desgracia de tener un hijo problemático que no puede integrarse al modo de vida esperado. Imaginemos las reacciones de esta familia:

cs Negar o desacreditar el sufrimiento de este miembro y obligarlo a guardar las apariencias.

cs Tender a pensar que tal miembro se aparta de lo esperado porque nació con algún defecto producido por factores congénitos, o porque fue marcado por alguna maldición o influencia divina o demoniaca que lo hace excesivamente vulnerable e incapaz de lidiar con la vida.

cs Creer que su padecer se debe simplemente a rodearse de malas compañías o a la mala suerte.

Cualquier familia podrá optar por una amplia variedad de justificaciones cuyo resultado final será colocarle la etiqueta de: «el raro», «el diferente», «la oveja negra» o bien, «el loco». Todas estas concepciones no sólo parcializan la realidad, sino que evaden un cuestionamiento profundo en cuanto a su participación activa en el sufrimiento y malestar de ese hijo, quien, con sus síntomas, expresa que hay algo que no funciona bien en esa familia.

Freud escuchó con atención las historias de vida de estas personas puestas al margen. Bien conocidos son sus *Estudios sobre la histeria* (1895), en los que presenta interesantes hallazgos que surgieron de su destreza para descifrar el lenguaje oculto e inconsciente de los síntomas histéricos de sus primeras pacientes. Aquellas refinadas e infelices damas vienesas que con sus diversos síntomas relataban de forma indirecta y disfrazada el efecto patológico de ciertos hechos desafortunados en el curso de sus vidas —y que estaban tan de moda en esa época—. De este modo Freud descubrió algunas pistas sobre la complejidad del funcionamiento mental en la manifestación de síntomas desconcertantes.

¿DE DÓNDE VIENEN NUESTROS MALES?

Los padecimientos emocionales se atribuyen a una multiplicidad de causas que se combinan; sin embargo, de modo general podríamos hablar principalmente de:

ᗄ **Condiciones congénitas:** aquí valdría la pena destacar el lugar que tiene el temperamento —aquella disposición emocional con la que nacemos y que marca nuestra forma de reaccionar frente a los estímulos del medio— y el papel de ciertos factores orgánicos, tales como las condiciones genéticas y las enfermedades físicas que se sufren en los primeros meses de vida.

ভ **Carencias emocionales tempranas:** fallas en la relación afectiva con los padres, quienes por diversas circunstancias resultan ineficientes para aportar la calidez, la seguridad y la estabilidad necesarias para que todo individuo desarrolle una confianza básica en la vida y pueda construir una autoestima sólida que favorezca una apertura a los vínculos con otras personas.

ভ **Condiciones desfavorables en el entorno social:** situaciones de pobreza, inseguridad y violencia, entre otros.

ভ **Condiciones desafortunadas en la vida:** pérdidas tempranas de figuras amadas, situaciones traumáticas y accidentes en los años formativos, todo tipo de frustraciones y decepciones.

LAS FUERZAS EN TENSIÓN

La trama que tejen nuestros deseos, nuestra mayor o menor adaptación al medio, y los diferentes tipos de causas o condiciones que originan los padecimientos emocionales nos ubican en un escenario en permanente construcción por las fuerzas en tensión involucradas.

Certeza *versus* duda. Freud puso en duda muchas de las certezas que daban sostén y tranquilidad a la sociedad en su época: rompió el mito de la inocencia y la pureza de los niños cuando enunció la existencia de la sexualidad infantil, y reconoció la existencia de pulsiones —fuerzas de naturaleza inconsciente que motivan la conducta de los hombres— que provienen de lo corporal y han sido mediadas por nuestras representaciones mentales.

Con lo anterior, Freud demolió la idea de que la racionalidad y la ética son las fuerzas rectoras en los asuntos humanos; puso al descubierto que el alma humana, además de los bien aceptados sentimientos altruistas y bondadosos, también alberga sentimientos mezquinos y hostiles; asimismo, puso en tela de juicio instituciones como la Iglesia y el Ejército. Podríamos continuar con una amplia lista de ideas originales en la vasta obra del fundador del psicoanálisis que causaron revuelo y polémica en los albores del siglo XX, pero lo que nos interesa resaltar particularmente es cómo algunos de sus hallazgos rompieron la «tranquilizadora» línea imaginaria entre la locura y la tan valorada cordura emocional.

Neurosis *versus* psicosis. De acuerdo con lo anterior, los padecimientos mentales pueden ser ubicados dentro de dos grandes grupos: *neurosis* y *psicosis*.

El psiquismo humano está diseñado para lidiar y negociar los conflictos de naturaleza inconsciente que surgen de fuerzas que se contraponen entre sí. De esta manera, en nuestro inconsciente se juega una lucha virtual conocida como *conflicto intrasíquico* entre tres rivales que buscan imponer sus necesidades al Yo. Esta estructura triangular en nuestra mente funciona como el agente ejecutivo de nuestra personalidad. Así, en una esquina se ubican las demandas de nuestros deseos pulsionales, en la otra están las prohibiciones y los valores éticos que hemos internalizado de nuestros padres y el entorno social en el que fuimos criados, y en la tercera esquina se encuentran las exigencias de la realidad externa.

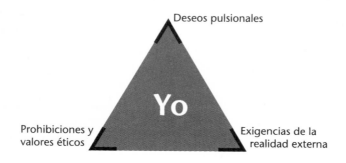

Algunas veces nuestro Yo es capaz de salir airoso de esta tremenda batalla que acontece en nuestro interior; otras, nuestro Yo no puede hacerlo y opta por algunas soluciones menos afortunadas que dan origen a síntomas neuróticos. A estos comportamientos, derivados de una incapacidad en el psiquismo para manejar los conflictos inconscientes, se les conoce como *neurosis*. Las fobias, los miedos irracionales, la ansiedad, los pensamientos obsesivos, la compulsión a realizar rituales —como lavarse las manos una y otra vez—, las dificultades en las relaciones interpersonales y en el área laboral, las fallas en el funcionamiento sexual, la sensación de fracaso o descontento general, algunos padecimientos físicos o enfermedades ligados al estrés y a la tensión crónica, son algunas de las variantes del sufrimiento que caracterizan al mundo emocional del neurótico.

Ahora bien, existe un nivel más grave de patología, conocido como *psicosis*, que corresponde a lo que burdamente denominamos «locura». En este nivel se engloba una variedad de padecimientos psicológicos cuya característica principal es la incapacidad para ubicarse dentro de los parámetros de la realidad externa. Los síntomas más característicos de las psicosis son las alucinaciones y los delirios; las primeras se refieren a percepciones creadas por la mente sin contar con la existencia real de un estímulo que las genere —por ejemplo, ver o escuchar algo que en la realidad objetiva no existe—; los segundos son pensamientos, ideas o creencias sobrevaloradas, o bien producto de fantasías y de deseos inconscientes que no poseen un sustento real que las justifique —por ejemplo, aquel sujeto que vive como un ser dotado de poderes sobrenaturales y que ha sido elegido para redimir a la humanidad.

Estas fallas en el juicio de realidad, junto con un pobre control de impulsos, generan dificultades en el psicótico para manejar sus relaciones interpersonales y para adaptarse funcionalmente a su entorno.

La delgada línea loca. También encontramos otro tipo de padecimientos conocidos como *trastornos de la personalidad*, que presentan actitudes y rasgos estereotipados que acotan la manera de interactuar con el mundo. El individuo se aferra a patrones de relación y de respuesta, incluso cuando éstos resultan ineficientes; no es extraño que recurramos o tengamos unos patrones más integrados a nuestra personalidad que otros; al fin y al cabo, la combinación de ciertos rasgos es lo que nos da el sello distintivo de la persona que somos. Así, algunos nos sabemos perfeccionistas y testarudos, otros nos autodenominamos arrogantes y presuntuosos, algunos más podemos reconocernos dramáticos y teatrales.

Los trastornos de la personalidad consisten en el uso exagerado de estos patrones de relación que resultan insatisfactorios y desadaptativos, que perturban nuestros vínculos con la gente, limitan nuestras capacidades en el trabajo y, en general, nos llevan a tener una vida poco satisfactoria y muy restringida. Como ejemplo podemos mencionar: el trastorno narcisista, el trastorno histriónico, el trastorno limítrofe —*borderline*—, el trastorno antisocial, el trastorno pasivo-dependiente, el trastorno depresivo-masoquista. Otro grupo de padecimientos serían las adicciones a diversas sustancias con el fin de aligerar y evadir el dolor emocional, las cuales aportan una seguridad y un bienestar temporal que pronto se desvanece, para dejar aflorar de nuevo los sentimientos que el adicto busca mantener bajo control.

Para completar este breve recorrido de los padecimientos mentales, mencionaremos los trastornos afectivos, como la depresión y la manía, que se refieren a fallas en la regulación y la expresión de la intensidad emocional. Asimismo, cabe mencionar las perversiones sexuales que involucran gustos, preferencias y conductas que se apartan de los modos convencionales: el exhibicionismo, el fetichismo, el voyeurismo,[1] el sadomasoquismo, la zoofilia, etcétera. Por último, agregaremos las llamadas *enfermedades psicosomáticas*, entre las que encontramos padecimientos orgánicos condicionados por factores emocionales, como la gastritis, el eccema, la psoriasis, el asma o la colitis, en las que el cuerpo se vuelve el vehículo para expresar estados emocionales dolorosos.

Si consideramos el hecho de que en todos nosotros existen mecanismos psicóticos y neuróticos, resulta evidente que la línea entre la locura y la cordura es tenue y siempre difusa. Lo determinante será el balance y el predominio de unos sobre otros. El loco que habita en nosotros lo encontramos todas las noches bajo el resguardo de nuestros sueños, en nuestras fantasías y ensueños, o cuando creamos e imaginamos que tenemos la habilidad de apartarnos momentáneamente de la realidad para acceder a otros mundos.

LOS CUERDOS AL DIVÁN

Ahora sí, podemos retomar el mito de que llevar un tratamiento psicoanalítico es válido sólo cuando uno está loco como para necesitarlo.

Para tratar los padecimientos psicóticos y otros trastornos graves de la personalidad, se aplican técnicas derivadas del psicoanálisis, ya que el tratamiento psicoanalítico clásico en diván sólo es aplicable a personas «cuerdas». Estos pacientes deben contar con una estructura de personalidad lo suficientemente sólida para tolerar un proceso terapéutico que lo llevará a conocer las causas inconscientes que motivan su conducta, descifrar el sentido y el significado de sus sueños y síntomas, o saber más del tipo de relaciones que tiende a establecer con los demás. Todo esto le permitirá conocerse a sí mismo y le dará la posibilidad de encontrar mejores soluciones a sus conflictos internos.

El psicoanálisis no podría ser el tratamiento de elección para los locos, o bien, aquellos seres que se rehúsan a contactar con la realidad externa; por el contrario, exige cordura, inteligencia, tolerancia a la frustración y a la incertidumbre, sofisticación emocional y capacidad de introspección. Además, requiere de un alto nivel de organización y estructura que permita confrontar deseos y fantasías inconscientes sin colapsarse.

Si bien es cierto que el psicoanálisis pone el acento en el sufrimiento humano —en aquella voz interna que nos recuerda nuestra vulnerabilidad ante un mundo que dista de ser el eterno oasis de satisfacción al que aspiramos—, también es cierto que el psicoanálisis aporta un espacio para reflexionar sobre nuestra historia de vida y conocer nuestra verdad. De este modo nos ofrece recursos para entrar en contacto con las inmensas y —muchas veces— desconocidas posibilidades que habitan en nuestro interior, nuestras potencialidades y nuestras aspiraciones más profundas. ✑

NOTA

1 Actitud de la persona que busca la excitación sexual mirando a otras personas en situaciones eróticas.

TEXTOS RECOMENDADOS

- Juan Coderch, *Psiquiatría dinámica*, Barcelona: Herder, 1991.
- Otto Kernberg, *Trastornos graves de la personalidad*, México: El Manual Moderno, 1987.
- Karina Rodríguez Sosa, «La perversión o parafilia», en *Algarabía* 15, México, septiembre-octubre 2004.

PELÍCULAS RECOMENDADAS

- *Girl, Interrupted* — *Inocencia interrumpida*— (Alemania-EE. UU., 1999), dirigida por James Mangold, con Winona Ryder y Angelina Jolie.
- *Ordinary People* — *Gente como uno*— (EE. UU., 1980), dirigida por Robert Redford, con Donald Sutherland, Judd Hirsch y M. Emmet Walsh.
- *Requiem for a Dream* — *Réquiem por un sueño*— (EE. UU., 2000), basada en la novela homónima de Hubert Selby Jr. de 1978. Dirigida por Darren Aronofsky, con Ellen Burstyn, Jared Leto, Jennifer Connelly y Marlon Wayans.

ACERCA DE LA AUTORA

Gabriela Mustri Misrahi es psicóloga clínica, maestra en Psicoterapia y psicoanalista del Instituto de Psicoanálisis de la Asociación Psicoanalítica Mexicana —APM—. Ejerce el psicoanálisis en práctica privada con adolescentes y adultos. Es docente de la maestría en Psicoterapia General en el Centro de Estudios de Posgrado de la APM, donde ha impartido las materias de Psicopatología, Desarrollo psicológico y Técnica en psicoterapia. Su correo electrónico es: *gamustri@prodigy.net.mx*

Dos psicoanalistas:
—¡Adiós!
—¿Qué me habrá querido decir?

MITO 3
Los psicoanalistas siempre están analizando a todo el mundo

Elena Castañeda Rodríguez Cabo

Cuántas veces en nuestra vida social los psicoanalistas hemos escuchado a nuestros interlocutores decir: «¡Ah, eres psicoanalista!, entonces me estás psicoanalizando», «¡Cuidado con él o ella, ya te psicoanalizó!» o «Fulanita se la pasa psicoanalizando a todos». Estas expresiones son muy familiares pero están muy lejos de la realidad. Para comprender por qué no es posible psicoanalizar a alguien con sólo una mirada o un apretón de manos, y que es más complejo de lo que comúnmente se piensa, haremos un breve recorrido sobre algunos aspectos de la técnica psicoanalítica para conocerla más a fondo.

¿CÓMO SE INICIA EL PROCESO PSICOANALÍTICO?

El paciente que se plantea por primera vez tomar psicoanálisis debe llevar varias entrevistas iniciales con el analista, las cuales tienen como objetivo hacer un diagnóstico psicológico y evaluar la *psique* —o personalidad— del entrevistado, y no precisamente determinar si está sano o enfermo. Con estas entrevistas se pretende facilitar la libre expresión de los procesos mentales; se procura dar al sujeto la mayor libertad para expresarse y ser tal como es. Están lejos de ser un registro formal de preguntas y respuestas. La intención es indagar acerca de lo que el entrevistado no sabe de sí mismo y tomar en cuenta todo lo que dice.

El contrato: acuerdos y compromisos. Las entrevistas se ajustan a un «encuadre» —*setting*— donde se reúnen las constantes de tiempo y lugar, el papel de ambos participantes y los objetivos que se persiguen. Por lo tanto, estas primeras entrevistas permiten estar en condiciones de ofrecer indicaciones de tratamiento y considerar si el paciente reúne los «criterios de analizabilidad».

En caso de que disponga de potencial para una alianza de trabajo y una neurosis de transferencia —nociones que desarrollaremos más adelante—, se da paso a la formulación del contrato, el metafórico «contrato psicoanalítico», que marca el inicio de un largo viaje que emprenderán paciente y analista.

En palabras del psicoanalista y psiquiatra argentino Horacio Etchegoyen:

> La persona que se analiza emprende un camino, toma una decisión; el análisis es casi una elección de vida por muchos años. Pero esta elección vital abarca también la de querer analizarse y buscar la verdad que, si es auténtica, a la larga va a justificar la empresa.

En los albores del psicoanálisis, Freud escribió dos artículos: «Consejos al médico sobre el tratamiento psicoanalítico» (1912) y «Sobre la iniciación del tratamiento» (1913), en los cuales se refiere a las bases teóricas del contrato y establece las normas que lo componen y sus cláusulas. En ellos describe las estrategias necesarias para llevar a cabo el tratamiento y, esencialmente, los acuerdos a los que hay que llegar con el paciente para realizar el análisis.

El contrato psicoanalítico trata de derechos y obligaciones, así como de riesgos —inherentes a toda empresa humana—. En él se trata sobre la regla analítica fundamental —la asociación libre—, el uso del diván, el acuerdo sobre la frecuencia de las sesiones, los horarios, los honorarios, el anuncio de los días festivos, las vacaciones y la forma de pago. El contrato es un acto racional entre adultos; por lo tanto, la ecuanimidad con que se haga sienta las bases del respeto mutuo entre analista y analizando —o paciente.

La alianza terapéutica. La alianza de trabajo trata de la relación racional, y relativamente no neurótica, que el paciente mantiene con su analista. Este aspecto razonable y objetivo de los sentimientos del paciente hacia el analista permite la alianza de trabajo. En síntesis, esta asociación o colaboración gira en torno a la capacidad que el paciente tenga de laborar en la situación psicoanalítica.

Para realizar el trabajo psicoanalítico, el paciente debe hacer contacto desde diferentes modos de comunicarse: la palabra, los gestos, los sentimientos y también, con restricciones, en lo que refiere a las acciones. Así como debe expresarse de una manera inteligible, debe poder hacer regresiones y realizar ciertas asociaciones libres, al tiempo que escucha, comprende al psicoanalista y hace introspección.

El paciente aporta a la alianza de trabajo dos cualidades contrapuestas: por un lado, su capacidad para mantener el contacto con la realidad en la situación analítica y, por el otro, su disposición para lograr regresiones a su mundo de fantasía. Esta habilidad de ir y venir desde el proceso de psicoanálisis hacia la historia de vida es la que determina si es apto o no para llevar un tratamiento.

La transferencia del paciente. La transferencia es el factor más importante de la terapia psicoanalítica, pues implica revivir experiencias anteriores con un fuerte sentido de actualidad. Las ideas y sentimientos que derivan de estas situaciones previas son posibles en la relación con el analista, en quien el paciente se proyecta.

Dicho en otras palabras, la transferencia es el proceso en el que ciertas inclinaciones inconscientes se actualizan sobre algunos objetos, algunos vínculos y, de manera especial, sobre la relación con el analista. Para Freud se trata de un caso de desplazamiento de afecto —positivo o negativo— de una representación anterior a otra actual.

Fue tal la repercusión que tuvo la teoría de la transferencia que modificó la relación analítica a la cual definió en términos precisos y rigurosos. La transferencia es el terreno donde se desarrolla la problemática, su resolución implicará la cura psicoanalítica.

La contratransferencia en el analista. Este término refiere al conjunto de reacciones inconscientes del analista que están en relación con las expresiones de transferencia del paciente.

En los años cincuenta del siglo pasado, el concepto de *contratransferencia* fue abordado por algunos psicoanalistas. Estos autores —entre los que destacan el médico y psicoanalista polaco Heinrich Racker y la psicoanalista y psiquiatra británica Paula Heimann— plantean que la contratransferencia es, fundamentalmente, un componente sensible del psicoanálisis. Heimann afirma que ésta opera en tres formas:

ся **Como obstáculo:** presenta el riesgo de tener puntos ciegos y no detectar ciertos aspectos malsanos del paciente.

ся **Como instrumento:** detecta qué es lo que está pasando en el paciente.

ся **Como campo:** ayuda al analizando a adquirir realmente una experiencia nueva y distinta de la que tuvo en un principio.

Desde este punto de vista, la contratransferencia significa que el analista no es sólo el intérprete, sino también el objeto de la transferencia.

INTERPRETAR: HACER CONSCIENTE LO INCONSCIENTE

Iniciamos este capítulo explorando la presunta «interpretitis» de los psicoanalistas; pero, ¿qué es interpretar en psicoanálisis?

El vasto campo del análisis está unido a varios procedimientos que favorecen la introspección: la confrontación, la aclaración, la interpretación y la traslaboración. La interpretación es un fundamento de la terapia psicoanalítica, pero la actividad del analista no se limita a interpretar, ya que siempre se hace algo más que eso.

Por medio de la interpretación se hace consciente un fenómeno inconsciente. Más aún, significa hacer consciente el significado, el origen, la historia, el modo o la causa inconsciente de un suceso psíquico dado. Este proceso requiere más de una intervención.

Para llegar a una interpretación, el analista emplea su propio inconsciente, su empatía e intuición, así como sus conocimientos teóricos. Al interpretar se va más allá de lo directamente observable, y se atribuye significado y causalidad a un fenómeno psicológico. Las reacciones del paciente determinan la validez de la interpretación.

Freud consideró la interpretación de las resistencias y de la transferencia como características específicas de su técnica. En 1937 le dio a este término un contenido teórico, lo definió como una elaboración que debe realizar el analista en la cura —lo mismo que un científico en su laboratorio— para reconstruir la historia infantil e inconsciente del paciente.

Por eso, en el ámbito del psicoanálisis se considera que cualquier interpretación hecha fuera de este contexto es una agresión. Con esta afirmación se puntualiza que, para el psicoanalista, el espacio exclusivo de la interpretación es la sesión analítica, y que cualquier ocasión en que estas condiciones no se lleven a cabo representa una transgresión.

ELEMENTOS CLAVE DE UNA SESIÓN

Regla de abstinencia. El analista no puede darle al paciente satisfacciones directas; esto es, no debe satisfacer sus demandas ni desempeñar los papeles que el paciente tiende a imponerle, porque en cuanto éste las logra, el proceso se detiene, se desvía, se pervierte. La satisfacción directa obstaculiza al paciente la posibilidad de simbolizar.

Un ejemplo de esta regla es que el analista declinará participar en los eventos sociales de sus pacientes con el objeto de preservar el espacio analítico.

El principio o regla de la abstinencia puede —en ciertos casos y en ciertos momentos de la cura— concretarse en consignas que se refieren a ciertos comportamientos repetitivos del paciente que obstaculizan la labor de recuerdo y elaboración. El secreto profesional, la absoluta confidencialidad en forma estricta y rigurosa, son para el analista un aspecto de la regla de abstinencia, indisolublemente ligado a la ética.

Atención flotante. Esta recomendación fue enunciada por Freud en *Consejos al médico en el tratamiento psicoanalítico* (1912), y se refiere a una suspensión, tan completa como sea posible, de todo lo que en forma habitual centra la atención del analista: inclinaciones personales, prejuicios, supuestos teóricos, incluso aquellos mejores fundados.

Esta regla permite descubrir las conexiones inconscientes en el discurso del paciente. Por medio de la atención flotante, el analista puede conservar en su memoria muchos elementos aparentemente insignificantes, cuyas correlaciones se pondrán de manifiesto más adelante.

Resistencia. El término *resistencia* se refiere a todas las fuerzas que en el interior del paciente se oponen a los procedimientos y procesos de la labor analítica. Es posible observar las resistencias a lo largo de todo el tratamiento; éstas aparecen para «defender» el estado de la neurosis del paciente en la situación analítica. Aunque algunos aspectos de las resistencias pueden ser conscientes, por lo general son inconscientes.

La causa inmediata de las resistencias es evitar algún afecto doloroso, como la ansiedad, la culpabilidad o la vergüenza. Más allá de esta motivación, se hallará un impulso instintivo que dio libre cauce al afecto doloroso. En suma, lo que la resistencia quiere evitar es el miedo a un estado traumático. El analista deberá descubrir la causa, el objeto, el modo y la historia de las resistencias.

LA EXPLORACIÓN DEL INCONSCIENTE

Llegados a este punto ya estamos en condiciones de iniciar el tratamiento. A continuación esbozaremos una introducción general sobre las técnicas que suelen practicarse: la asociación libre, la interpretación de los sueños, los actos fallidos o los *lapsus* que representan la vía regia para explorar el inconsciente.

Asociación libre. La forma en que el material clínico se comunica en el psicoanálisis clásico sucede mediante la asociación libre —recordemos que el paciente ya ha pasado por las entrevistas preliminares—. Además de asociar libremente sus ideas, el paciente puede comunicar sueños y sucesos de su vida diaria y de su pasado.

Lo mejor será dejar que el paciente hable de manera libre, porque así se dará también libre cauce a las resistencias, punto central del proceso analítico.

Interpretación de los sueños. Freud, en su magna obra *Interpretación de los sueños* (1900), explica la forma en que el psicoanálisis da significación al contenido latente del sueño con el objeto de sacar a la luz el deseo inconsciente del paciente.

El autor hace suya una ancestral tradición filosófica e histórica, de acuerdo con la cual los sueños tienen una significación. Pone el acento del simbolismo en la persona y hace del sueño la expresión de la vida fantasmática del hombre y la traducción de sus deseos inconscientes. La interpretación de los sueños en la teoría freudiana posee reglas técnicas que se integran al conjunto del sistema de pensamiento.

Actos fallidos y *lapsus*. El acto fallido es un acto en el cual no se obtiene el resultado esperado y es reemplazado por otro. Son esas conductas que, por lo general, la persona realiza eficazmente y su fracaso se atribuye a la falta de atención o al azar.

Un ejemplo frecuente es el olvido de nombres o datos, y la persona dice que lo tiene «en la punta de la lengua», pero no lo puede recordar. Para Freud, éstos, al igual que los síntomas, son formaciones de compromiso entre la intención consciente del individuo y lo reprimido. Es por ello que se infiere que el acto fallido es —en otro nivel— un acto realizado con éxito, porque ha puesto de manifiesto el deseo inconsciente.

Los *lapsus* se refieren sobre todo a las faltas cometidas al hablar —*lapsus linguae*—, cuando se dice una palabra por otra. Por ejemplo, un joven le dice a su compañera: «¿vas a ir a la reunión con tu padre?», cuando en realidad quería decir: «¿vas a ir con tu esposo?»; sin embargo, el hecho de que el marido sea un hombre mucho mayor que ella, se manifestó inconscientemente en las palabras del chico.

Se considera que los *lapsus* siempre están relacionados con una significación inconsciente.

NI RAYOS X NI SUPERPODERES

Como hemos podido apreciar a lo largo de este capítulo, el acceso al preciado mundo interno de los pacientes debe llevarse a cabo en un ámbito determinado, con reglas y técnicas específicas, pero fundamentalmente de la mano de la ética propia del psicoanálisis.

Después de este paseo por algunos de los conceptos fundamentales de la técnica psicoanalítica, queda claro que el psicoanalista no posee rayos X para entrar en cualquier momento en lo más recóndito de las personas, y tampoco suena lógico que «analizar a todo el mundo todo el tiempo» sea su deseo, como un médico no muestra interés alguno en andar diagnosticando a cuanta persona conoce. ∞

BIBLIOGRAFÍA

R. Horacio Etchegoyen, *Los fundamentos de la técnica psicoanalítica,* Buenos Aires: Amorrortu, 1986.

Sigmund Freud, *Obras Completas,* tomos I, IV, V, VI, VII, XII y XVI, Buenos Aires: Amorrortu, 1984.

Ralph R. Greenson, *Técnica y práctica del psicoanálisis,* México: Siglo XXI Editores, 1976.

J. Laplanche, y J. B. Pontalis, *Diccionario de psicoanálisis,* Barcelona: Paidós, 1993.

Élisabeth Roudinesco, y M. Plon, *Diccionario de psicoanálisis,* Buenos Aires: Paidós, 1998.

ACERCA DE LA AUTORA

Elena Castañeda Rodríguez Cabo es psicoanalista de la Asociación Psicoanalítica Mexicana —APM— y terapeuta de pareja. Trabaja en la ciudad de México con pacientes adultos y es doctoranda del Doctorado de Psicoterapia de la Asociación Psicoanalítica Mexicana. Su correo electrónico es: *castelena@yahoo.com.mx*

S. Neri

—*Mi psicoanalista me explicó*
que tengo síntomas obsesivos.
—*¿Estás seguro?*
—*No sé, llevo dos semanas*
pensando sólo en eso.

MITO 4

Si voy a terapia me vuelvo dependiente de mi psicoanalista

Miriam Grynberg Robinson

Entre los mitos, críticas y prejuicios que rodean al psicoanálisis, los que se lanzan contra la duración de la terapia y la dependencia al psicoanalista son de los más recurrentes. Los conflictos en el ser humano tienen su origen en el inconsciente, por eso no pueden ser observados conscientemente por el individuo. Para entender estos dilemas primero será necesario reflexionar en cómo progresan la cura y el proceso psicoanalítico; las palabras, las afecciones y los problemas relatados por el paciente constituyen tan sólo la parte consciente: el síntoma del conflicto.

Comúnmente se cree que el tratamiento psicoanalítico es una búsqueda de: «¿qué es lo que mi terapeuta quiere de mí? ¿Cómo lo puedo complacer?». Sin embargo, la dependencia que se establece con el analista no es una dependencia «al analista», sino «a las tendencias inconscientes» que se ponen en juego con el analista. Es en el análisis donde el paciente tendrá la esperanza de escapar de las predisposiciones que lo atrapan en su mundo interior. Así, la dependencia será dictada más por los contenidos de su inconsciente que por la situación actual con el analista.

NO PERDER DE VISTA EL OBJETIVO

Antes que nada, es necesario aclarar que el objetivo de la terapia es vencer las resistencias que presenta el paciente en el proceso analítico; de esta manera podrá acceder a las motivaciones inconscientes del problema.

La hipótesis que subyace en esta teoría define que existen procesos mentales que permanecen activos en la *psique* del individuo y que, aun sin conciencia, determinan efectos en sus vivencias y en sus actitudes —por ejemplo, en su cuerpo, en sus relaciones interpersonales o en sus actos—. Por eso, habrá quienes se quejen de encontrarse siempre en la posición del sometido, del victimario o del dependiente, en todas sus relaciones de noviazgo, amistad y profesionales, y por más esfuerzos que inviertan para no «caer» en ese lugar en una nueva relación, terminan repitiendo lo que con más empeño trataban de evitar.

Esto significa que estos pensamientos reprimidos no han tenido la posibilidad de ser elaborados e integrados en la *psique,* por lo que quedan en la mente como una especie de «cuerpo extraño», siempre pugnando por expresarse conscientemente, ya sea a través de un síntoma, un *lapsus*, un sueño o del estilo de relación que establezcamos.

Estos procesos dejaron de ser conscientes porque pasaron por un proceso de represión motivado por el displacer o el sufrimiento causado por algún pensamiento; por ejemplo, experiencias traumáticas vividas en las primeras relaciones con las figuras de la infancia.

TRANSFERENCIA: REPETICIÓN DEL PASADO REPRIMIDO

En la teoría del inconsciente se ordena lo que el sentido común ha sabido siempre: detrás de la mayoría de las actitudes y comportamientos conscientes de una persona podemos suponer intenciones, pensamientos y sentimientos que están, en general, ocultos y que pasan inadvertidos parcial o totalmente para ella y para los demás.

De esta manera el paciente, desde el comienzo del tratamiento, va a reproducir en la relación con el analista —en la relación transferencial— lo que ha sido hecho a un lado de su memoria, lo que ha sido reprimido; es decir, lo reprimido retornará como vivencia presente, en lugar de ser recordado como parte del pasado. Freud coloca al «retorno de lo reprimido» en el origen de toda situación analítica y al hilo conductor de todo análisis lo resume como la «lucha contra todo lo que permanece inconsciente». El paciente avanza llevado constantemente por las preguntas «¿qué es lo que mi inconsciente quiere de mí? ¿Qué es lo que debo hacer, pensar, sentir, decir, según mi propio inconsciente?».

En *Más allá del principio del placer,* Freud explica que las experiencias infantiles de pérdida de amor y de fracaso dejaron un daño permanente en el sentimiento de sí, como una cicatriz dolorosa, y son justo estas vivencias dolorosas las que se reviven con el psicoanalista durante el tratamiento. Algunos ejemplos de este fenómeno son aquellas personas que fuerzan al analista a dirigirles palabras duras y a conducirse fríamente con ellos, lo celan, o se afanan por terminar el tratamiento sin haber completado la cura; en fin, repiten «en transferencia» sus vínculos infantiles, a pesar del dolor que ello genera.

EL CASO DE ANNA O.

El fenómeno transferencial hoy en día se puede distinguir con claridad en el tratamiento de Anna O., pero en aquel entonces, al no ser entendido como «transferencia», tuvo consecuencias fatales para el análisis.

Este caso no fue llevado por Freud, sino que lo atendió su protector y amigo Josef Breuer. Se trataba de una mujer de habla alemana —llamada en realidad Bertha Pappenheim— que tenía 21 años cuando enfermó su padre, del que ella era la hija menor y la favorita.

Esta joven, agraciada e inteligente, permaneció día y noche junto a la cama del enfermo para cuidarlo. En ese contexto tuvo su primer ataque, y alucinó una enorme serpiente negra que avanzaba sobre el lecho paterno. Aterrorizada, intentó impedir el ataque pero sintió su brazo paralizado y sólo atinó a rezar en inglés. Este episodio alucinatorio fue olvidado y Anna continuó con su vida monótona. Aunque, en su afán de estar totalmente dedicada a la familia, acostumbraba refugiarse en sus pensamientos en forma ensimismada y creaba escenarios en un teatro que sólo le pertenecía a ella. Durante estos periodos, que poco a poco se fueron multiplicando, aparecían alucinaciones que ella ignoraba en el estado de vigilia.

Inicio del tratamiento. Pasaron cinco meses antes de que Breuer la comenzara a atender. Al llegar con él, los síntomas que presentaba eran tos nerviosa, parálisis del brazo y de la pierna derechos con insensibilidad, y presencia frecuente de la misma afección en los miembros del lado izquierdo. Breuer le dio un seguimiento regular y con el correr del tiempo le prestó una mayor atención a la vertiente psicológica —gracias a que los médicos de esa época empezaban a investigar la histeria como una patología de la mente.

Breuer se sorprendió por los súbitos cambios de humor, las alucinaciones y las excitaciones de la paciente. En algunos momentos Anna O. arrojaba objetos de su cuarto contra las paredes y sus alucinaciones transformaban los dedos de su mano en serpientes y las uñas, en calaveras. Una afasia —problemas de estructura del lenguaje— grave y un total mutismo completaban el cuadro clínico. Después de un tiempo toda esta patología se redujo a un único patrón que consistía en que de noche la paciente entraba en un estado de somnolencia fuera de lo normal que Anna O. llamó en inglés *cloud*, —«nube»—. En ese sopor aparecían dos estados de conciencia que se alternaban: uno, absolutamente normal, y el otro, propio de un energúmeno rabioso. En medio de ambos, en la frontera, flotaba la «nube».

Breuer inició con un primer acierto terapéutico al vincular el mutismo de Anna con la problemática paterna. La invitó a hablar del padre y el silencio cedió selectivamente, porque la paciente comenzó a hablar, pero sólo en inglés. El doctor ponía atención a ciertas palabras significativas en el discurso que Anna usaba durante la vigilia, y analizaba cómo las podía introducir durante la hipnosis; de esta manera la paciente, que giraba en torno a las palabras, comenzó a armar una historia, una narración que le permitía despertarse tranquila y serena.

La paciente mejoró considerablemente y fue dada de alta, pero a los cinco días murió su padre, y todo el progreso obtenido partió con el ataúd.

Recaída y asociación libre. Continuaron con el tratamiento, pero un día Breuer se despidió de ella para tomar unas vacaciones; Anna estalló escandalosamente, lo golpeó en el pecho y cayó desmayada a sus pies. A su regreso, Breuer la encontró muy desmejorada, no había comido nada y presentaba alucinaciones plagadas de figuras terroríficas, de cobras y esqueletos.

Ante el riesgo suicida, fue necesario internarla; pero los días que Breuer la visitaba, mostraba grandes mejorías. El tratamiento se intensificó, Anna le pidió a Breuer que la dejara hablar libremente de sus historias, fundando el *talking cure* o «la cura por el habla», que consistía en buscar la causa del síntoma sin hipnosis. Ella empezó a abordar el contenido de las alucinaciones y los asuntos que la contrariaban durante el día en un proceso que llamaba «deshollinar la chimenea». Así apareció entre Anna O. y Breuer lo que después corresponderá al método freudiano de la «asociación libre».

Desenlace inconcluso. Pero, ¿cómo apareció la cuestión de la transferencia? Se cuenta que la mujer de Breuer estaba celosa de la paciente y le pidió que dejara el caso para viajar con ella. Ante la noticia, Anna O. reaccionó peor que la vez anterior y le solicitó a Breuer que asistiera a su casa en la víspera de su partida. La encontró en un estado de gran exaltación, retorciéndose con los dolores de un parto imaginario y alegando que paría al hijo del doctor Breuer. El médico, profundamente consternado, trató de calmarla, pero volvió a su casa sudando frío. Al día siguiente partió con su mujer de viaje y no la volvió a ver más.

Ernest Jones, un psicoanalista cercano a Freud y su biógrafo, opinó: «Cuando los síntomas fueron superados —es decir, cuando lo inconsciente se volvió consciente—, Breuer debió haber descubierto otras indicaciones de motivación sexual en la transferencia, pero no supo reconocer la naturaleza universal de este fenómeno inesperado... e interrumpió la investigación en este caso».

BREUER DEJÓ CAER LA LLAVE Y FREUD LA LEVANTÓ

En 1932, Freud le escribió una carta a Stefan Zweig[1] con la clave de sus conclusiones: «Breuer tuvo en sus manos la llave, pero la dejó caer. Breuer no transformó su hallazgo en descubrimiento». Con este primer paso, Freud formuló la «transferencia» como parte fundamental del proceso psicoanalítico.

Al principio tanto Freud como Breuer consideraron que la cura consistía en volver consciente —por medio de la catarsis—, precisamente, ese momento traumático que había permanecido inconsciente. ¿Cómo? La idea era traer al presente la expresión afectiva y las asociaciones ligadas a ese suceso inicial. Después de un tiempo Freud se dio cuenta que no bastaba con recordar los sucesos traumáticos, sino que éstos debían ser repetidos en el encuentro terapéutico. El analista es quien debe traducir lo que el paciente «trae» en la relación transferencial, para que exista la posibilidad de elaborarlo.

La fuerza de la transferencia es visible en cada momento del tratamiento entre Anna O. y Breuer: observamos cómo ella estaba bien mientras él no se separaba de ella, y nos damos cuenta de la relación transferencial erótica que estableció con él, al escenificar un parto histérico diciendo que tendría un hijo de él. Pero no nos engañemos, no es a Breuer a quien busca desesperadamente y de quien no se puede separar —él es nada más el depositario de los deseos y angustias de su mundo interno—, lo que vemos es un traspaso de los deseos edípicos por el padre y del terror a la separación frente a éste.

Breuer no entendió la transferencia, se asustó y, al no saber cómo manejar la situación, huyó. Por eso, será Freud en un caso posterior —el caso de Dora— quien descubrirá la «transferencia», fenómeno que Breuer experimentó con Anna O. sin entender su valor terapéutico.

OLVIDAR Y REPETIR

A partir de la transferencia, Freud descubrió que el analizado repite en acciones el pasado olvidado. En otras palabras, por medio de la transferencia el paciente reproduce lo que olvida no como recuerdo, sino como acción: lo repite sin saber que lo hace. Uno comprende, al fin, que ésta es una manera de recordar; por ejemplo: Anna O. no sabía que su relación tan profundamente dependiente y apasionada con Breuer era una forma de recordar la relación con su padre. Así es como el analista debe, mediante la interpretación, convertir en palabras lo que el paciente actúa en transferencia.

Por eso, hoy en día, lo primero que busca el analista es la «neurosis de transferencia», para ayudar a recordar por medio de las ocurrencias libres —asociación libre— lo que no estaba permitido recordar. Las interpretaciones del analista derribarán las resistencias para que su paciente narre en confianza las situaciones de aquellos nexos olvidados y, cuando por fin logra ese desbloqueo, rara vez omite agregar: «En verdad lo he sabido siempre, sólo que no me pasaba por la cabeza».

El analista debe proporcionar al paciente un encuadre estructurado en el que él o ella pueda desplegarse con confianza e intimidad; un espacio donde no se sienta ni rechazado, ni explotado, ni manipulado, ni seducido, y donde sus fantasías transferenciales puedan ser verbalizadas y analizadas con el fin de comprender por qué —aunque sufre estableciendo relaciones donde juega el mismo papel que lo hace sufrir— «cae» una y otra vez en el mismo lugar.

UN ESPACIO PARA EL PACIENTE

El tratamiento le da al paciente un espacio de esperanza donde su mundo afectivo puede modificarse, para acceder a una vida menos miserable. Es muy importante que tenga la valentía de atender y confrontar los fenómenos de su enfermedad, y de luchar contra la represión. Freud nos recuerda: «Al principio los conflictos pueden agudizarse, son empeoramientos pasajeros, son necesarios, porque no es posible liquidar a un enemigo ausente». Precisamente es la transferencia el fenómeno que trae la problemática antigua al tiempo presente.

Entonces, no es dependencia al analista lo que se produce en el consultorio analítico, sino un fenómeno transferencial que, como lazo afectivo intenso, automático, inevitable e independiente de todo contexto de realidad, es necesario para el desarrollo de la cura. Por eso, no es el análisis el que crea dependencia en el paciente, sino que son las partes dependientes del paciente transferidas al analista las que establecen este estilo de relación y son, justamente, esas heridas las que hacen sufrir al sujeto y no lo dejan ser él mismo.

En el análisis existe la oportunidad de que el paciente pueda darse cuenta del tipo de relaciones que desarrolla repetitiva e inconscientemente, mediante el establecimiento de la relación transferencial con el analista; después, podrá analizarla, elaborarla e intentar salirse de la compulsión repetitiva inconsciente que lo hace sufrir de manera profunda al no tener una voz y una historia propia.

Para que el paciente no permanezca prisionero de lo traumático, remanente de sus vivencias infantiles, necesita que exista otro al cual dirigirse, y ese otro sólo puede ser el psicoanalista.

POR UN RELATO PLENO DE SENTIDO

Si el paciente no logra establecer una transición de aquello inconsciente, silencioso y sin palabras que actúa reiteradamente en sus relaciones, y no puede transformarlo en un relato pleno de sentido, quedará atrapado, dependiente del horror de la aparición repetitiva de sus afectos que, en cada presentación, lo inunda de nuevo.

El tratamiento le permitirá intentar separarse de sus temores infantiles y el analista buscará la interpretación que logre modificar su historia, intentando crear, reparar y sublimar su sufrimiento para que ya no se destruya en la repetición. El niño que queda dependiente de su mundo interior sin conocerlo, muchas veces tiene una sensación de vacío, de muerto en vida, «porque la vida es posible cuando uno es historiador de su propia historia», dice Piera Aulagnier.[2]

El análisis es la oportunidad de poder escribir la propia historia, de buscar el sentido, de tener una voz —la nuestra— que nos permita vivir. ∝

NOTAS

1 Stefan Zweig (1881-1942) gran escritor austriaco, reconocido sobre todo por sus biografías. Su cercanía con Freud influyó en su escritura de corte más psicológico, como en *Novela de ajedrez.*

2 Piera Aulagnier (1923-1990). Psicoanalista y psiquiatra, alumna de Jacques Lacan; es autora de *La violencia de la interpretación* (1975), *El aprendiz de historiador y el maestro brujo* (1979), *De un discurso identificante a un discurso delirante* (1984), entre otras obras.

BIBLIOGRAFÍA

Lisa Appignanesi, y John Forrester, *Freud's Women,* Londres: Basic Books, 1992.

R. Horacio Etchegoyen, *Los fundamentos de la técnica psicoanalítica,* Buenos Aires: Amorrortu, 1986.

Sigmund Freud, *Sobre la dinámica de la transferencia* [1912], *Obras Completas,* tomo XII, Buenos Aires: Amorrortu, 1985.

_____, *Recordar, repetir y reelaborar* [1916], *Obras Completas,* tomo XII, Buenos Aires: Amorrortu, 1985.

_____, *27° Conferencia La transferencia, Obras Completas,* tomo XVI, Buenos Aires: Amorrortu, 1985.

Miriam Grynberg, «Transferencia y encuadre en un paciente fronterizo. Tú eres yo, no existes», *Del silencio al sonido de una voz...,* México: 2003.

_____, «El espacio transferencial como proceso de historización simbolizante», *Cuadernos de psicoanálisis,* por publicarse.

Ernest Jones, *A vida e a obra de Sigmund Freud,* Río de Janeiro: Imago, 1989.

J. Laplanche, y J. B. Pontalis, *Diccionario de psicoanálisis,* Barcelona: Labor, 1983.

Heinrich Racker, «La transferencia y consideraciones sobre la transferencia», en *Estudios sobre la técnica psicoanalítica,* Buenos Aires: Paidós, 1979.

Emilio Rodrigué, «El contexto de la transferencia», artículo presentado en la Asociación Psicoanalítica Argentina Xll, Buenos Aires, 1966.

Élisabeth Roudinesco, *La historia del psicoanálisis en Francia. La batalla de los cien años,* Río de Janeiro: Jorge Zahar, 1986.

Alexis Schreck Schuler, «El nacimiento del psicoanálisis», en *Algarabía* 12, México, marzo-abril, 2004.

ACERCA DE LA AUTORA

Miriam Grynberg Robinson obtuvo su licenciatura y maestría en Psicología por la Universidad Iberoamericana, es psicoanalista titular y psicoanalista de la Asociación Psicoanalítica Mexicana —APM—, donde también es académica de la maestría en psicoterapia y de la formación para psicoanalistas. Ejerce la clínica psicoanalítica en consultorio privado, para adolescentes y adultos. Su correo electrónico es: *miriamgc32@hotmail.com*

—Doctor, no puedo parar de pensar en el sexo.

—Bien, veamos, ¿qué ve en esta figura?

—Éstos son un hombre y una mujer teniendo sexo.

—¿Esta otra qué le sugiere? ¿Y ésta?

—En ambas son otro hombre y otra mujer teniendo sexo.

—Mmm, sí, pareciera que está muy obsesionado con el sexo.

—¿Yo? ¡Usted es el que me muestra todo el tiempo esos dibujos pornográficos!

MITO 5

Para el psicoanálisis todo es sexo

Toffie Sasson Hamui y Beatriz Jasqui Esquenazi

Uno de los mitos más difundidos del psicoanálsis es que para Freud todo tiene que ver con el sexo, y que todas las enfermedades mentales pueden curarse mediante el análisis de los conflictos sexuales inconscientes originados en la niñez. Como veremos en este capítulo, una parte del mito es cierta, pero está basada en una premisa falsa: pensar que sexo y sexualidad son lo mismo.

¿SEXO O SEXUALIDAD?

El concepto de *sexualidad* en el psicoanálisis es básico. Sigmund Freud planteó que el inicio de las perturbaciones mentales y del sufrimiento psíquico tiene su origen en la sexualidad. Podríamos decir que sí, que para Freud todo es sexualidad... La cuestión es que para Freud el concepto de *sexualidad* no es igual al que se conoce de manera popular. Usualmente, la gente asocia *sexualidad* con el sexo, es decir, con el coito genital, pero el concepto es mucho más amplio. Por lo tanto, para Freud no todo es *sexo* desde el concepto popular, pero sí *sexualidad*.

Freud descubrió que la sexualidad no inicia en la pubertad sino en el momento mismo del nacimiento, y que esta sexualidad no se puede reducir y limitar a lo genital. Fue muy claro al decir que: «Distinguir entre función sexual y función genital es una cuestión de vida o muerte para el psicoanálisis». A lo largo de su vida, se mantuvo firme en esta postura que lo enfrentó a la comunidad científica del momento e, incluso, a sus discípulos.

PULSIONES, INSTINTOS Y PLACER SEXUAL

Para Freud, las metas del placer y de la procreación no son las mismas; el placer sexual puede surgir de cualquier zona del cuerpo y está íntimamente vinculado a su concepto de *pulsión*. A diferencia de la pulsión, los instintos están determinados sólo por la biología y se aprecian de manera clara en los animales porque éstos tienen patrones instintivos fijos: los periodos de celo, las migraciones, comer cuando tienen hambre, etcétera. En los seres humanos, si bien la pulsión es una fuerza que proviene del cuerpo, ha sido modificada por la cultura y las imágenes subjetivas; por eso hay quienes padecen obesidad o anorexia y quienes rehúyen de la sexualidad o de la maternidad.

Todos nacemos con pulsiones vitales cuya energía sexual llamamos *libido*. A estas pulsiones las podemos situar entre lo biológico y lo psíquico pues, aunque provienen del cuerpo, tienen una representación en lo psíquico que será diferente en cada persona. Estas representaciones se construyen a partir de las experiencias afectivas y sensoriales de la temprana infancia, y ésta es la razón por la que cada uno de nosotros tiene una relación diferente con la comida, con el sexo y con el cuerpo mismo.

Las pulsiones tienen cuatro características importantes tanto biológicas como psíquicas:

ൠ **Fuente:** el origen de la excitación. La fuente de estas pulsiones radica en el organismo, en el cuerpo, es una fuente biológica llamada zona erógena; por ejemplo: la piel, la boca, el ano, el pene.

ൠ **Presión o fuerza:** es la cantidad de excitación que contiene la pulsión.

ൠ **Meta:** la meta siempre es la descarga de esa excitación, ya que es placentera; por ejemplo, el orgasmo.

ൠ **Objeto:** es la persona del mundo externo que se requiere para llevar a cabo la descarga, sirve como medio para ésta, aunque no necesariamente debe ser una persona completa, puede ser un objeto parcial, como lo sería el pecho —para el bebé, que no logra integrar toda la imagen de la persona que le da de mamar—, o un objeto total, que sería la persona completa. Cuando la tendencia a buscar un objeto parcial permanece más allá de la infancia, encontramos casos como el del fetichista, que puede excitarse con un zapato.

Toda conducta que surge desde una zona o región erógena del cuerpo —boca, ano, ojos,[1] voz, piel, etcétera— y que, conectada a una fantasía, provoca placer, es considerada sexual.

LA SEDUCCIÓN ORIGINARIA

En este punto debemos plantear una premisa fundamental: hay una madre deseante que, con su ternura, su amor y los cuidados que le dispensa al bebé, despierta, poco a poco, su sexualidad. Esto es importante, porque implica que existe una seducción originaria y que la sexualidad nos viene del otro. En este sentido, los procesos psíquicos no se inician desde el sujeto mismo; la madre o el adulto en cuestión será el instigador del origen del deseo en el sujeto. Y eso no es poca cosa.

LAS ZONAS ERÓGENAS

El recién nacido experimenta placer ante la estimulación de cualquier zona de su cuerpo. Todo él es propenso al placer, pero debido a un proceso progresivo y de aprendizaje se logra consolidar una meta y un objeto en esas pulsiones. Esto significa que de ser todo el cuerpo zona de placer se pasa —gracias a la ternura de la madre y a sus cuidados— sólo a lugares específicos: las «zonas erógenas».

En un principio, todo el cuerpo es erógeno y es la primera forma de conocer y de contactar con el mundo. Lo primero que sucede es que la libido se concentra en la boca y con eso comienza la etapa oral. Pero, ¿qué sucede en las etapas psicosexuales de Freud conocidas como oral, anal, fálica, periodo de latencia y genital?

1. Etapa oral. En esta etapa la mayor satisfacción está vinculada al alimento, pero no por el alimento en sí, sino por el placer que obtiene el bebé al chupar; es decir: al poner en movimiento los labios, la lengua y el paladar en una variación rítmica. Esta succión de un objeto obliga a que la boca se contraiga y afloje sucesivamente; además, como experiencia en su totalidad, la succión se acompaña de la satisfacción de la primera necesidad: el hambre.

El bebé conoce el mundo y se relaciona con él por medio de su boca. Resulta lógico pensar que el primer objeto de amor es el pecho de la madre, ya que es el que gratifica la pulsión oral y da alimento. El mundo entero para el bebé es el pecho. Cuando la madre lo retira, el bebé siente que ha perdido su objeto de amor vital y anhela su retorno y, para calmarse, alucina que existe.

Esta recreación implica una satisfacción parcial porque lógicamente no se logra la plenitud: la vivencia real y la mitigación del hambre no se dieron. De ser así, el bebé nunca exigiría el pecho en la realidad y podría vivir mediante alucinaciones. El contraste con la realidad provoca que el bebé deba llorar para que el pecho reaparezca: la mamá escuchará el llanto, entenderá la comunicación y ofrecerá su seno. Éste es un punto de inflexión, porque define el origen del pensamiento; sin la ausencia del pecho nunca se podría distinguir la realidad de la alucinación.

Los seres humanos quedamos anclados en ese momento y vivimos buscando la primera vivencia de satisfacción con este pecho —el objeto perdido— que ya no retornará, pero que dejó una huella vital, una marca que funciona como gasolina para vivir. Sin esta experiencia, no hay deseo y no hay motivación para seguir adelante, ya que ella pone en marcha un movimiento que busca siempre la satisfacción del deseo: un deseo que ya fue, con un objeto que ya no está. Vivimos deseando algo que es sólo una promesa de retorno a aquel momento.[2]

Las vicisitudes en esta etapa oral —un amamantar incierto, la incapacidad para atender las demandas del hijo en la dosis adecuada o incluso el dar de comer sin el componente emocional— provocarían que el pequeño pasara a la siguiente fase con un estilo de «carácter oral». Los rasgos más sobresalientes de un carácter oral son: la voracidad, la insatisfacción, la falta de saciedad y la dependencia, los cuales se pueden manifestar de manera física; por ejemplo, en la obesidad; o emocional, en las personas que son sumamente dependientes y adhesivas.

2. Etapa anal. En la medida que pasa el tiempo, la zona corporal cambia y pasa de la boca al ano. El niño obtiene placer al expulsar y retener las heces fecales. Recordemos que en la etapa oral perdió el objeto de amor que era el pecho, y ante esa pérdida no tuvo control. En esta etapa, lo que se juega principalmente es el control: el control de esfínteres, que simboliza mucho más que eso.

El niño experimenta el contenido de sus intestinos —heces fecales— como si fueran una parte de su propio cuerpo. El bebé siente placer al expulsar y retener las heces fecales cuando él lo decide, pero renuncia a este placer para obtener otro: ser aplaudido por sus padres cuando expulsa y retiene cuando se lo indican.

Con esta nueva habilidad el niño expresa su obediencia hacia sus padres, al defecar en el momento que ellos se lo solicitan y de retener cuando así se lo indican. En este punto se inaugura la autonomía del niño, y de acuerdo con la forma en que transita esta etapa, se podrán presentar cuadros donde el control puede significar un problema tanto por su exceso como por su falta. Las personas que presentan rasgos anales comúnmente suelen ser avaras, ordenadas, meticulosas, exigentes y perfeccionistas; incluso, tienen muy poco contacto con sus sentimientos, se relacionan con el mundo a través de lo racional y de lo intelectual.

Desde el pensamiento estas personas tienen una idea en mente y piensan en ella de manera obsesiva: dudan de cualquier decisión, de haber cerrado la puerta de su casa o de haber apagado la estufa al terminar de cocinar y por eso, deben cerciorarse varias veces. Desde la conducta, son personas que hacen rituales específicos creados por sí mismos, como no pisar las rayas del piso, apretar el botón del elevador de una manera específica o hacer un pequeño protocolo antes de dormirse. El pensamiento mágico resuelve que mediante estos actos podrán controlar su entorno, la suerte, las contrariedades, etcétera.

3. Etapa fálica —o etapa edípica—. En esta etapa —entre los tres y los cinco años— se presenta el complejo de Edipo en niños y niñas,[3] famoso por ser uno de los descubrimientos más importantes de Freud.

Basado en el mito griego de Edipo Rey y el drama de Sófocles que lleva ese título, Freud plantea —en su célebre obra *La interpretación de los sueños* (1900)— al mito de Edipo como el drama interno de todo ser humano: el destino de todo hombre será que sus primeras mociones sexuales estén dirigidas a la madre —como primer objeto de amor— y su primer odio al padre.

La zona erógena que se enciende en esta etapa es el pene, que adquiere un valor significativo porque el niño se lo toca y experimenta placer. Además, descubre que las mujeres —incluida su madre— no poseen uno, esto le hace pensar que su pene puede caerse o se lo pueden cortar. A este miedo, Freud lo llamó *angustia de castración*.

El niño advierte un deseo sexual y amoroso por su madre, aun un deseo de procrear un hijo con ella, y simultáneamente odia a su padre, a quien ve como un rival: tiene a la madre, duerme con ella y excluye al niño de su habitación. Con el tiempo y con la presencia afectiva de ambos padres, el niño renuncia a su madre porque teme que su padre lo castigue por sus deseos y le corte el pene; en lugar de continuar en rivalidad con su padre, se identifica con él.

Las dificultades en esta etapa generan diferentes problemas en la vida adulta: incapacidad de tener pareja porque ninguna mujer es suficiente, incapacidad de separarse emocionalmente de la madre, promiscuidad, problemas en la identidad masculina, problemas con la autoridad o falta de conciencia moral. Otro ejemplo es aquel que no puede tener relaciones sexuales satisfactorias, por eyaculación precoz, impotencia o alguna otra dificultad, ya que el temor al placer sexual aparece acompañado de la fantasía inconsciente de castración que lo incapacita.

El cuadro de histeria es otra secuela de la vida adulta que puede originarse en esta etapa. En todos los casos de mujeres histéricas a los que dio seguimiento, Freud encontró que habían tenido una fantasía o una experiencia sexual prohibidas moralmente y, por lo tanto, inaceptables para ellas; por ejemplo, deseos sexuales hacia sus padres, cuñados o tíos.

Si bien estas fantasías o deseos eran inmediatamente rechazados por la conciencia, y reprimidos, exigían una salida: a cambio de su recuerdo consciente, la *psique* generaba un compromiso con esos deseos que hervían por salir. El compromiso implicaba la formación de un síntoma, en el que el deseo era satisfecho sólo de manera parcial y simbólica, de modo que la *psique* prefería obstruir una función corporal —tics, parálisis de un brazo, etcétera— antes que dejar emerger un recuerdo atormentador y perturbador.

Los niños también pasan por un periodo de Edipo invertido que implica el amor y deseo por el padre y odio a la madre. Normalmente es un periodo menos intenso que el anterior, y la fijación en esta etapa puede ser una explicación ante la homosexualidad. Freud destaca, además, dos cuestiones clave en la etapa fálica:

◌ **La prohibición del incesto.** Existe un elemento central en esta etapa que estructura al niño y es la introducción de la prohibición; aquí aparece la prohibición del incesto como una ley que genera una instancia psíquica encargada de regular la moral, el deber ser y los ideales, a la que Freud llamó Superyó. La prohibición del incesto es un concepto central porque limita la endogamia y lanza al individuo a formar cultura. Éste es el triunfo de la generación sobre el individuo; la cultura patriarcal prevalece y la sexualidad circular, cerrada e incestuosa es impedida.

◌ **Complejo de Edipo en las niñas —conocido comúnmente como de Electra—.** En la niña se presenta el mismo complejo pero con matices distintos. La niña se percata de que existen seres humanos con un pene; por eso, piensa que ella tuvo uno que le cortaron o se le cayó. A su vez, experimenta envidia porque el pene representa fuerza, poder y capacidad, y siente intensos deseos amorosos y sexuales por su padre. Su madre, en cambio, se convierte en objeto de odio, por ser quien duerme con su padre y por no poseer pene, es decir, porque la hizo a su semejanza. Al igual que el niño, con el tiempo y la presencia afectiva de los padres, la niña renuncia al amor de su padre y se identifica con la madre, con la esperanza de quedar embarazada de un varón algún día y tener adentro el pene que le falta. Esta esperanza es una satisfacción parcial al deseo de procrear un hijo con su padre.

4. El periodo de latencia. La etapa de la sexualidad infantil culmina con la represión del complejo de Edipo. Esta etapa se da aproximadamente desde los seis o siete años hasta el inicio de la pubertad. Las fantasías de las etapas oral, anal y fálica no tienen acceso a la expresión porque son sepultadas en el inconsciente, pero se mantienen en forma latente. Estos deseos se contienen gracias a tres diques que se presentan como inhibidores de la pulsión sexual: el asco, la vergüenza y la moral.

La energía sexual se dirige hacia el autoconocimiento y el descubrimiento de la realidad para dar espacio al aprendizaje. En este periodo se desvía la energía sexual y se aplica a otros fines —sublimación que implica la presencia de metas nuevas, relacionadas con logros culturales e intelectuales—. Además, la curiosidad sexual encuentra un nuevo objetivo y en lugar de que el niño fisgonee la recámara de sus padres y sus quehaceres higiénicos, ahora estudiará la naturaleza por medio de sus libros de ciencias y generará hipótesis más cercanas a la realidad.

5. La etapa genital. Cuando llega la pubertad se introducen los cambios que llevan la vida sexual infantil a su forma definitiva. La pulsión sexual era principalmente autoerótica; ahora encuentra al objeto sexual. Hasta ese momento, la sexualidad actuaba partiendo de pulsiones y zonas erógenas particulares y parciales que, independientemente unas de otras, buscaban un cierto placer como única meta sexual; por ejemplo, la masturbación infantil. Ahora existe una nueva meta sexual y, para alcanzarla, todas las pulsiones parciales cooperan, al tiempo que las zonas erógenas se subordinan a la zona genital. A esa unión de las pulsiones parciales se suma la idea de Freud acerca de «la normalidad de la vida sexual», garantizada únicamente por la coincidencia de las dos corrientes dirigidas al objeto y a la meta sexual: la tierna y la sensual. Así, la sexualidad se pone al servicio de la búsqueda de pareja y del amor, para que puedan coincidir tanto la corriente tierna como la sexual.

Antes de esta fase, se podría pensar que el niño era un «perverso polimorfo»; es decir, que vivía la sexualidad por medio de distintas parcialidades —que se denominan *perversas* porque se separan del objetivo del coito—. Por ejemplo, el niño es un *voyeur*, le gusta mirar, curiosear y enterarse de qué pasa en la habitación parental. Espiará a los adultos mientras se duchan, le levantará la falda a cualquier niña y tratará de tocarle los senos a sus tías. Cuando llega la pubertad, todas estas conductas se utilizarán en una forma más apropiada para lograr la relación sexual, cuyo fin último es el coito y la descarga orgásmica. Si no sucede esto y estas conductas no desembocan en una sexualidad genital, y se fijan, se dará lo que llamamos «perversión».

El *voyeur* o voyerista es aquel que espía el acto sexual o a las chicas en la escuela para satisfacerse sexualmente. No busca una relación con otra persona, sino que su sexualidad es parcial y por lo tanto «perversa» —desviada de la meta principal—. Es importante entender que el perverso no puede elegir su conducta sexual, ésta es fija y compulsiva, por ello difícil de cambiar o de evitar. Existen perversiones que se viven con una gran sintonía al Yo, y que se comparten con otros adultos en forma consensual.

SEXUALIDAD Y TRAUMA EN DOS TIEMPOS

Cuando un niño experimenta algún tipo de experiencia o abuso sexual por un adulto, no lo entiende sino hasta que crece; cuando ese evento adquiere un significado específico, genera el efecto traumático. Freud menciona el caso de una niña —Emma— que va a una pastelería donde le tocan los genitales, ella no lo experimentó como traumático en ese momento, y por ello, regresó.

Cuando crece y adquiere mayores conocimientos acerca de la sexualidad, puede recordar esa vivencia y darle un nuevo significado: en ese momento es cuando se genera el trauma. Por eso, Freud planteó que lo traumático se da en dos tiempos, cuando el segundo tiempo resignifica al primero. Lo importante de este caso es que la niña pone sobre la mesa su propio deseo, el de regresar porque le gustó, y ahí se engarza la mayor culpabilidad que potencia singularmente el efecto de lo traumático.

DE LA SEXUALIDAD A LA SALUD MENTAL

Ya vimos el enredo del mito: para Freud no todo es sexo sino sexualidad. Una sexualidad que comienza desde el inicio mismo de la vida, porque todo el cuerpo es erógeno y fuente de placer. El camino continúa cuando se encienden distintas zonas erógenas con metas específicas que procuran placer; al llegar a la pubertad, estas metas específicas se unen para lograr una nueva meta: el coito con una persona del sexo opuesto.

Todo adulto tiene remanentes de pulsiones parciales o perversiones que se integran a su vida sexual normal, o a sus rasgos de carácter. Por ejemplo, a todo adulto le gusta «ver» a su pareja o una película pornográfica. Sin embargo, no cesará su búsqueda de encontrar una pareja con quien tener una relación sexual donde todos estos rasgos se integren al placer que antecede al coito. La fijación en las etapas descritas genera perturbaciones mentales que impiden la salud mental y de esta forma podemos comprender cómo la sexualidad infantil repercute en la salud mental del adulto.

Así, pasado y presente, conciencia e inconsciencia, recuerdo y fantasía, trauma y resistencia, se entrelazan en un relato complejo, o como dice Robert Stoller: «La construcción de la excitación erótica es tan sutil, compleja, inspirada, profunda, conmovedora, fascinante, impresionante, problemática, tan impregnada de inconsciente y de genio, como la creación de un sueño o de una obra de arte». ␥

NOTAS

1 Jacques Lacan (1901-1981) consideraba incluso a la mirada en este rubro.

2 Sin duda, esta pérdida de amor oral nos remite a una pérdida mitológica por excelencia: la del Paraíso, la expulsión de Adán y Eva del Edén por consecuencia de una gratificación oral: un mordisco a la manzana prohibida.

3 Freud se rehusó a utilizar la denominación de Jung: Complejo de Electra.

BIBLIOGRAFÍA

Richard Appignanesi, y Oscar Zárate, *Freud para principiantes,* Buenos Aires: Era Naciente, 1995.

Rithée Cevasco, «Sexualidad», en *Conceptos freudianos,* Madrid: Síntesis, 2005.

Luis Feder, «El eterno Edipo», introducción a *Trabajos del Dr. Luis Feder,* núm. 15, 1965.

Sigmund Freud, *La interpretación de los sueños, Obras Completas,* tomo IV, Buenos Aires: Amorrortu, 1900.

_____, *Tres ensayos de teoría sexual* [1905], *Obras Completas,* tomo VII, Buenos Aires: Amorrortu, 1978.

_____, «La predisposición a la neurosis obsesiva. Contribución al problema de la elección de neurosis» [1913], *Obras Completas,* tomo XII, trad. de J. L. Etcheverry, Buenos Aires: Amorrortu, 1985.

_____, *La organización genital infantil. Una interpolación en la teoría de la sexualidad* [1923], *Obras Completas,* tomo XIX, Buenos Aires: Amorrortu, 1978.

_____, *Algunas consecuencias psíquicas de la diferencia anatómica de los sexos* [1925], *Obras Completas,* tomo XIX, Buenos Aires: Amorrortu, 1978.

_____, «¿Pueden los *legos* ejercer el análisis?» [1926], *Obras Completas,* tomo XX, Buenos Aires: Amorrortu, 1978.

_____, «Cinco conferencias sobre psicoanálisis» [1909], *Obras Completas,* tomo XI, trad. de J. L. Etcheverry, Buenos Aires: Amorrortu, 1985.

Juan David Nasio, *El placer de leer a Freud,* Barcelona: Gedisa, 2007.

Alexis Schreck, «Reflexiones en torno a la sexualidad femenina», *Cuadernos de Psicoanálisis,* febrero-junio, vol. XXXIX, núm. 1 y 2, 2006.

ACERCA DE LOS AUTORES

Toffie Sasson Hamui es licenciado en Psicología de la Conducta Social, especialista en Adicciones, maestro en Psicoterapia General y analista en formación del Instituto de Mexicano de Psicoanálisis de la Asociación Psicoanalítica Mexicana —APM—. Docente del Centro de Estudios Superiores Monte Fénix, psicoterapeuta y psicoanalista de adolescentes y adultos. Su correo electrónico es: *toffysasson@gmail.com*

Beatriz Jasqui Esquenazi es licenciada en Psicología y maestra en Psicología Clínica y Psicoterapia. Se dedica al tratamiento de niños, adolescentes y adultos con psicoterapia psicoanalítica. Su correo electrónico es: *beatrizje@gmail.com*

«Después de escucharme,
mi psicoanalista me dijo que
tal vez esta vida no es para mí.»

MITO 6

Los psicoanalistas son fríos y antipáticos

Luz María Peniche

Si en este preciso instante hacemos el ejercicio de construir mentalmente la imagen del «psicoanalista tipo», es probable que la mayoría imagine un hombre sentado y cruzado de piernas, pelo largo entrecano, una frente amplia de entradas pronunciadas, anteojos redondeados sostenidos en la mitad de la nariz, barba de candado y una de sus manos acariciándola lentamente.

Esta caricatura persistente —aun en círculos psicoanalíticos sofisticados— del clásico analista frío, inhumano y rígido, podría ser el resultado del enojo que sienten los pacientes porque el analista no gratifica su curiosidad y no responde a preguntas que no servirán de nada en el proceso analítico.

ABSTENERSE NO ES SER INDIFERENTE

Veamos un caso hipotético: un psicoanalista se encuentra con un paciente que constantemente le está pidiendo su opinión acerca de diferentes asuntos. Lo más fácil para él sería contestar las preguntas del paciente; pero es éste quien debe encontrar respuestas a sus interrogantes y el analista no puede ni debe imponer las suyas. La función del analista es, entre otras cosas, interpretar y ayudar al paciente a pensar y llegar a sus propias conclusiones. Satisfacer las demandas conscientes e inconscientes del paciente en psicoanálisis se podría comparar con la madre que hace todo por sus hijos y no les permite aprender por sí mismos. Como consecuencia, estos niños en el futuro tendrán dificultades importantes para autoabastecerse, ya que dependen de su madre para desarrollar cualquier actividad. Un terapeuta que no respete la «regla de abstinencia»[1] está perpetuando los síntomas del paciente y hará muy poco por ayudar a su independencia, progreso y crecimiento.

POSICIÓN NEUTRAL

Es crucial en el psicoanalista una actitud neutral respecto a valores religiosos, morales y sociales; es decir, no debe dirigir la cura hacia un ideal y debe abstenerse de todo consejo. Asimismo, debe existir neutralidad en cuanto a las manifestaciones transferenciales, esto es «no entrar al juego del paciente».[2] En su obra *Consejos al médico sobre el tratamiento psicoanalítico* (1912), Freud recomienda que el psicoanalista sea como un espejo para el paciente. Este concepto, mal entendido, podría aparentar frialdad, pero su propósito es el de no contaminar la situación analítica para que el paciente pueda darse cuenta de sus síntomas. La constante neutralidad del analista posibilita que el paciente se percate de lo desfiguradas o poco realistas que puedan ser sus reacciones.[3] La neutralidad es el nombre técnico de una actitud muy compleja en la vida interna del psicoanalista y pone los límites en la interacción entre paciente y analista. El analista neutral escucha con mucha atención y evita comentarios superfluos o juicios de valor. Se detiene y se muestra como una presencia ambigua, emocionalmente receptiva y no del todo personal o distintiva.

Quizá esta postura haya sido la que provocó la imagen caricaturesca de los psicoanalistas, como fríos y distantes; sin embargo, la neutralidad no implica que el analista se erradique como persona. Es un hecho que la personalidad del analista contribuye a la construcción de la situación analítica, pero no debe perder de vista la neutralidad. Fundamentalmente, la actitud de neutralidad permite conocer lo que es «verdad» en la experiencia psíquica del paciente. Los sentimientos, fantasías, creencias, deseos e intenciones del paciente son lo que son y la neutralidad de quien escucha no interfiere.

CUESTIÓN DE PERSONALIDAD

Otra dimensión de la neutralidad analítica es la relativa al ritmo y a los tiempos del paciente en su trabajo analítico. La primera consecuencia de la neutralidad es que aumenta la autonomía del paciente; es decir, el analista esperará a que el paciente esté listo para trabajar sobre diferentes aspectos de su vida psíquica. Todo el encuadre —espacio, tiempo y contrato de la situación analítica—[4] mueve al paciente a tener más conciencia y más reflexión acerca de sus pensamientos, sentimientos y conductas.

El rumbo que tome un análisis depende del carácter de cada persona; el analista aceptará su propio ritmo y confiará en la sabiduría del paciente, sin dictar la secuencia o los tiempos en el análisis. Ante la pregunta: ¿qué tan natural y auténtico puede ser el analista en las sesiones?, la respuesta es: no debe esconder su personalidad y su inconsciente, por medio del propio análisis debe aprender a ser «uno mismo» mientras mantiene una actitud neutra. Tener límites, reglas, lineamientos es parte de ser «real»: la relación entre analista y paciente no es social; el objetivo es que el paciente, a partir de las habilidades del analista y el trabajo en conjunto, desenmarañe sus más intrincados conflictos, y se deshaga de los síntomas que le impiden tener una vida plena, libre y feliz.

Es importante que el analista sea «él mismo, pero de un modo profesional», ya que si es falso o finge se crearía una barrera artificial con el paciente, que terminaría la relación. Por eso, las preguntas del paciente acerca su vida no serán contestadas; al contrario, estas inquietudes se encaminarán a explorar las fantasías de la vida del paciente fuera del consultorio que, a su vez, darán mucha luz al proceso analítico.

LA EMPATÍA: ¿AYUDA O PERJUDICA?

Si un paciente se siente entendido empáticamente por otra persona, ¿esto ayuda al efecto curativo? Hay que distinguir entre *empatía* como «un estado emocional que experimenta el terapeuta con el paciente como un sujeto», y *contratransferencia* como «un estado emocional del terapeuta con un objeto del mundo interno del paciente».[5] La empatía es una respuesta que provoca el paciente en el analista y en las personas de su entorno, se produce conscientemente y es probable que él mismo reporte conciencia del afecto de quienes lo rodean. La contratransferencia, en cambio, es la reacción inconsciente que el paciente provoca en el analista, sin que tenga un registro consciente de lo que siente y provoca. La empatía y la contratransferencia se distinguen por sus resultados, por el grado de exactitud de la respuesta del paciente y no por las fuerzas que operan en el inconsciente del analista. En la situación analítica, pues, la contratransferencia es empatía cuando el analista está equivocado.

Hacer uso de la capacidad empática y entender las necesidades y deseos de la otra persona no es una actividad solitaria. Es un proceso en el que las dos partes —el que desea ser entendido y el que desea entender— deben participar activamente. Juntos crearán en forma gradual una red de comunicación compleja. Muy a menudo, la empatía es confundida con una atmósfera analítica superficial y de comunión. Sin embargo, los teóricos coinciden en que para que un análisis sea productivo se debe también empatizar con las partes oscuras y socialmente rechazadas. Esta situación exige que el analista sea realista, en el sentido en que no todo el tiempo y en todo momento es posible ser empático con los pacientes. Aunque ellos en todo momento están esperando esta empatía, el hecho de darse cuenta de que el analista es un ser humano falible, ayudará a que el paciente entienda las expectativas que pone en las personas del «mundo real».

LA EMPATÍA POR SÍ MISMA... NO CURA

En la otra cara de la moneda, no tenemos analistas fríos y antipáticos, sino a sus opuestos. Quizá alguna vez haya oído historias como éstas:

ༀ «Un día mi terapeuta, cuando le contaba el suceso tan grave que sufrí, simplemente no me pudo decir nada y se puso a llorar conmigo».

ଔ «Mi terapeuta me cuenta toda su vida y entre los dos nos ayudamos mutuamente».

ଔ «Cuando me quedé sin trabajo, mi psicóloga le comentó a una amiga suya y me recomendó con ella, así fue como conseguí este trabajo».

Para quienes no dominen la teoría psicológica, psicoanalítica y ética —o para quienes den terapia sin la preparación suficiente—, tal vez todas estas anécdotas puedan resultar positivas, sanas e incluso benéficas. Sin embargo, en la técnica psicoanalítica: la abstinencia, la neutralidad y el análisis continuo de la transferencia, la contratransferencia, y la empatía son elementos clave para el cambio real en los pacientes.Este factor es el que hace diferente la relación psicoanalítica de una relación social o de otros tipos de psicoterapia porque la empatía, por sí misma, no basta para que una persona cambie sus patrones disfuncionales o para que se dé cuenta de cómo repite patrones neuróticos con sus familiares y amigos.

SÓLO UN MITO

Entonces, el mito de la antipatía y la frialdad de los psicoanalistas radica en la distancia profesional necesaria para que el paciente consienta y asuma su cura. Al fin y al cabo, para lograr «esta mejoría»[6] se necesita que se respeten las reglas de abstinencia, neutralidad, análisis profundo de la transferencia y la contratransferencia, como un ambiente de empatía y aceptación. Como síntesis de todo lo anterior, se puede precisar que los analistas simplemente son neutrales y abstinentes. Podrán ser empáticos y cálidos, pero no se considera éste como el factor más importante en la mejoría de los pacientes; ésta es sólo una herramienta más, cuando no choca con el objetivo final del psicoanálisis y cuando no se convierte en una gratificación a sus síntomas neuróticos. ଔ

NOTAS

1 v. «Mito 3: Los psicoanalistas siempre están analizando a todo el mundo»; p. 45.
2 J. Laplanche y J. B. Pontalis, *Diccionario de psicoanálisis*, Barcelona: Labor, 1993.
3 Ralph R. Greenson, *Técnica y práctica del psicoanálisis*, México: Siglo XXI Editores, 1976.
4 v. «Mito 3: Los psicoanalistas siempre están analizando a todo el mundo»; p. 45.
5 v. Mito 4: «Si voy a terapia me vuelvo dependiente de mi psicoanalista»; p. 57.
6 Mejoría, entendida en el proceso psicoanalítico como la capacidad del paciente para actuar por sí mismo liberándose de fantasmas del pasado que amenazan su presente, para ser más consciente de sus propias reacciones y de las que provoca en los demás, y para ser más creativo y productivo.

BIBLIOGRAFÍA

S. M. Abend, «Countertransference, Empathy, and the Analytic Ideal: The Impact of Life Stresses on Analytical Capability», en *The Psychoanalytic Quarterly*, Nueva York: 1986.

E. Adler, y J. L. Bachant, «Free Association And Analytic Neutrality: The Basic Structure of The Psychoanalytic Situation», *Journal of The American Psychoanalytic Association* —JAPA—, 1996.

Stefano Bolognini, «Empathy and "Empathism"», *International Journal of Psychoanalysis*, 1997.

Richard D. Chessick, «Empathy in Psychotherapy and Psychoanalysis», *The Journal of the American Academy of Psychoanalysis and Dynamic Psychiatry*, 1998.

Morris N. Eagle, «A Critical Evaluation of Current Conceptions of Transference and Countertransference», *Psychoanalytic Psychology*, 2000.

Ralph R. Greenson, *Técnica y práctica del psicoanálisis*, México: Siglo XXI Editores, 1976.

J. Laplanche, y J. B. Pontalis, *Diccionario de psicoanálisis*, Barcelona: Labor, 1993.

Merton A. Shill, «Analytic Neutrality, Anonymity, Abstinence, and Elective Self-Disclosure», *Journal of the American Psychoanalytic Association* —JAPA—, 2004.

George Weinberg, *The Heart of Psychotherapy*, Nueva York: St. Martin's Press, 1984.

ACERCA DE LA AUTORA

Luz María Peniche es psicóloga de la Universidad Anáhuac, tiene una maestría en Psicología de la Universidad Iberoamericana, es analista en formación de la Asociación Psicoanalítica Mexicana —APM— y docente en la Universidad Iberoamericana y en la Universidad Anáhuac —posgrado—. Ejerce como psicoterapeuta psicoanalítica de niños, adolescentes y adultos en la ciudad de México. Su correo electrónico es: *velapeniche@gmail.com*

—*Discúlpeme doctor, pero...*
¿Dónde se inyecta el colágeno
para rellenar el vacío existencial...?

Maitena en *Superadas*

MITO 7

El psicoanálisis ya no está de moda

«El corazón tiene razones que la razón ignora.»

En esta época en que lo *light,* lo desechable y lo efímero están de moda, todo indicaría que el psicoanálisis y sus incómodas interrogaciones no tienen nada más que hacer. En la «era del vacío»[1] cualquier puesta en duda a la omnipotencia del hombre se percibe subversiva. El psicoanálisis nos obliga a escuchar; nos lleva a la intimidad, a la necesidad de ahondar en nosotros mismos. Estas situaciones se nos presentan como poco deseables en una cultura donde el hedonismo y la superficialidad son las enmiendas más prácticas.

Por eso, en la vida del presente inmediato surgen psicoterapias y métodos de alivio que nos seducen por su brevedad y no implican revisiones del pasado ni del futuro.[2] La búsqueda desenfrenada de la ganancia a corto plazo juega en contra de cualquier proceso psicoterapéutico más o menos largo.

SIN DOLOR, SIN PALABRAS

En apariencia resulta poco congruente hablar de padecimiento psíquico en un mundo narcisista en el cual el sufrimiento parece no tener lugar. El dolor psíquico de vivir se encubre con satisfactores inmediatos que cambian a velocidad vertiginosa. Las palabras aparecen desprovistas de sentido para dar paso al mundo de las imágenes; la confianza en la tecnología y la ciencia parece inagotable y, como si fuera una prótesis, se adhiere como garantía de felicidad. Además, los afectos y los sentimientos que causan inseguridad, desconfianza o molestia siempre pueden apaciguarse con sustancias que devuelven sensaciones de tranquilidad aunque ésta sea pasajera. Con soluciones prácticas tan a la mano y que requieren poco esfuerzo, se considera que cualquier tipo de compromiso a largo plazo —incluso, con uno mismo— es anticuado y obsoleto.

En contraste con lo anterior, el psicoanálisis nos enseña que el padecimiento psíquico es un sentimiento ligado a nuestra constitución subjetiva y producto de la vida en comunidad y de entrada saber esto ya genera incredulidad y resistencia.

LA «RESISTENCIA» SIEMPRE HA ESTADO DE MODA

Parece ser que no sólo en esta época el psicoanálisis es fuente de malestar y controversia. Desde su aparición hubo una gran resistencia hacia esta disciplina. Este rechazo en realidad disimulaba la gran inquietud generada por proponer el «descentramiento del sujeto».

A lo largo de la historia, los cambios en el saber y en los paradigmas de pensamiento han causado revuelo y todo tipo de conmociones.

El caso del psicoanálisis no fue distinto, sus descubrimientos produjeron un sismo tal, que fue considerado un atentado contra la dignidad humana por quebrantar la moral burguesa y, al mismo tiempo, fue acusado de pansexualismo, enemigo de la cultura e, incluso, fue proscrito como peligro social.

Al resaltar lo inconsciente dentro de la vida del alma, el psicoanálisis provocó a los peores espíritus de la crítica, porque sus premisas tocaron en lo personal a cada uno y obligaron a tomar postura. De acuerdo con Freud, no se accede cómodamente al saber; al contrario, es un camino donde se encuentran las más severas resistencias; por ejemplo, las formas irascibles y abruptas de este rechazo son las que confirman lo postulado por el psicoanálisis: el pensamiento está inexorablemente vinculado a los afectos y éstos se activan, sobre todo, si se cuestiona al propio sujeto que oye, que se piensa a sí mismo.

La dificultad del psicoanálisis no es tanto intelectual como afectiva, ya que suele producir efectos en el paciente cuando penetra en lo más íntimo de su ser y queda en entredicho. Como respuesta, se produce un rechazo anímico disfrazado de palabras —una venda neurótica—, porque el sujeto no quiere saber acerca de ciertas cosas —de las que sabe pero prefiere ignorar—; ésta es una elección en la que su narcisismo está en juego.

LAS AFRENTAS AL NARCISISMO DEL HOMBRE

En 1917 Freud declaró que en la historia de la investigación científica universal han existido tres innovaciones del conocimiento que tropezaron con una intensa y obstinada resistencia; se trataba de afrentas al amor propio de la humanidad, al narcisismo individual y colectivo:

1a. La innovación cosmológica de Copérnico: «La Tierra no es el centro de Universo», sino una ínfima partícula de un sistema cósmico.

2a. La innovación biológica de Darwin: «El hombre no es el rey de la creación», lo que refuta la supuesta elección divina del hombre y su superioridad sobre el mundo animal.

3a. La innovación psíquica de Freud: «No eres dueño ni de tu propia alma», o lo que es lo mismo: «el Yo no es dueño ni en su propia casa».

Podríamos decir que esta última es la mayor ofensa, ya que implica la aniquilación del sujeto cartesiano,[3] uno de los pilares fundamentales del racionalismo occidental: un yo considerado dueño de sí mismo, intencional, que es vivido como una unidad plena, es decir, el sujeto de la conciencia o de la conducta. Frente a esta concepción, el psicoanálisis propone al Yo invadido por los poderes ajenos e incontrolables de la pulsión —no el instinto— del inconsciente —no de la conciencia.

Si bien las primeras dos subversiones —la copernicana y la darwiniana— despertaron una encarnizada renuencia, según Freud, ha sido la tercera, la psicológica, la más sentida. Al plantear que el inconsciente es un saber no sabido por el propio sujeto, se produciría en el Yo —como albergue de la conciencia— una pérdida de la posición central como la que postula Copérnico respecto a la Tierra y el Universo, ubicando lo fundamental del Yo en el inconsciente. Lo anterior implica que la parte consciente del Yo es sólo una «ínfima partícula» del psiquismo humano, así como la Tierra lo es del Universo.

EL INCONSCIENTE O SALIRSE DE LA LÓGICA FORMAL

Junto con el deseo, el inconsciente es una aportación fundamental que merece ser desglosada, porque ella provoca gran parte de los argumentos que atacan al psicoanálisis.

Freud parte de un hecho simple para ilustrar lo inconsciente: cualquier representación o elemento psíquico puede estar presente en nuestra conciencia y luego desaparecer; sin embargo, reaparecerá por medio del recuerdo, del síntoma, de los sueños, pero ya no como consecuencia de la representación sensorial. Freud propuso que esta representación o elemento, en realidad, se encontraba en estado latente y, por eso, pensó en una dimensión inconsciente. De esta manera, introdujo la hipótesis del inconsciente, para demostrar cómo en la vida psíquica del sujeto suceden procesos de otro orden que no están relacionados con la lógica formal sino que poseen otra racionalidad. Estos procesos tienen que ver con la vida de los afectos, de la sexualidad, de lo vivido y de lo traumático olvidado.

El inconsciente está ahí, sólo es cuestión de querer verlo y escucharlo. Algo pasa ahí dentro, algo que tiene otra forma; algo que nos hace repetir situaciones, decisiones; algo que no sabemos explicar, pero que nos configura en lo más profundo, que marca nuestra forma de sentir, de existir; que no puede ser atrapado con la lógica de la conciencia ni dominado con la fuerza de voluntad.

Sin la hipótesis del inconsciente, ¿cómo podríamos comprender que las personas no puedan controlar ciertos actos, que hagan o deseen cosas que rechazan explícitamente? ¿Cómo explicar ciertas sumisiones de los explotados a los explotadores? ¿Cómo explicar el síntoma o las somatizaciones?

EL DESEO: LA ETERNA BÚSQUEDA DE LA SATISFACCIÓN

Para Freud, el motor de la existencia es el deseo, pues pone al hombre en contacto con su interior. ¿De dónde viene ese deseo? El principio mismo de la vida:[4] el ser humano, para poder subsistir, necesita de otro que lo auxilie, que lo alimente y lo conforte. Esto deja ver que en el fundamento de la estructura humana hay una carencia, que nacemos desvalidos y sin la capacidad de proveernos lo que necesitamos. Esta primera experiencia de desamparo se verá mitigada con la primera experiencia de satisfacción: el alimento, el calor, las caricias y cuidados maternos. El deseo humano se constituirá en torno a esta vivencia como la búsqueda de la repetición de esa primera experiencia placentera.

La necesidad de dar una importancia extrema al deseo como si fuera «el efecto que nos causa» parece imprescindible para salir del mecanismo del estímulo y respuesta, y para entender cómo el sujeto tiene una relación vital —problemática y controvertida— con lo que anhela desde el interior. Esto se debe a cierto malestar propio de lo humano, al dolor de existir, a la angustia relacionada con su esencia, con el deseo. Este anhelo siempre nos confrontará con lo incompleto porque sabemos —en el fondo— que siempre habrá una diferencia entre la satisfacción deseada y la hallada, lo que supondrá una renuncia a la satisfacción completa: ése es el precio de entrar en la cultura, a la vida en comunidad.

¿POR QUÉ RESISTIRNOS AL INCONSCIENTE Y AL DESEO?

La noción de resistencia alude a todo aquello que en los actos y palabras del paciente se opone para que éste acceda a su inconsciente. Existe un tipo de contenidos que resultan intolerables para la conciencia; por eso son reprimidos —aunque en el inconsciente puedan ser fuente de placer—. Debido a estas resistencias, resulta sumamente difícil para el paciente apegarse a la regla fundamental de decir todo lo que se le ocurra, ya que, si levanta las resistencias, pone al descubierto lo que la represión procuró ocultar.

Por eso el progreso de un análisis no es lineal y es común que existan momentos muy distintos por los que una persona pasa en relación con su malestar. Existen momentos en los que el material es abundante; otros, en los que las ideas y el pensamiento se nublan; ocasiones en las que se siente que un peso enorme se desprende; otras, en que parece que todo se estanca y ahoga. La cura analítica avanza abriendo compuertas que permiten que aparezcan nuevos datos, historias, personajes, detalles que habían sido reprimidos, dejados de lado, censurados, negados.

En el psicoanálisis, el saber es algo que se construye, se bordea por medio de la palabra y este saber es siempre provisional, parcial. A diferencia de la ciencia, en la que los conceptos son universales y definibles, el psicoanálisis es una disciplina de lo particular, en la cual cada sujeto en análisis «va elaborando» su relación particular con el saber —un saber que no tiene certezas, que es siempre cuestionado.

Colocándose en la posición del no saber, el analista posibilita que algo de lo «no sabido» surja como sorpresa, irrumpiendo en el sistema de convicciones intelectuales del paciente. Así, se irán trazando senderos imaginarios que contacten al sujeto con su deseo, un deseo que estará en permanente transformación. Si el analista se encuentra en su propio proceso analítico, podrá entender esta imposibilidad de saber y estará advertido de que el deseo no puede ser colmado, y que el saber será parcial; estará siempre agujereado por el no saber.

EL PASADO QUE RECORDAMOS NO PASA DE MODA

Una de las críticas más comunes que se suele hacer hoy en día al método psicoanalítico es —como se verá en el Mito 9— que implica revivir «toda la historia personal», escarbar en los agujeros negros de la memoria y remontarse a la infancia para encontrar las causas de los problemas actuales de la persona. Esta tarea, de ser posible, más que agotadora sería inagotable. Después de todo, ¿qué tiene que ver una crisis de angustia de una persona de 30 años con aquella vez que se quedó esperando que su madre la recogiera de la escuela? Se supone que nada, salvo por la asociación que une los dos acontecimientos cuando esa persona los relata. El acto de la memoria siempre se da en el hoy. Quién sabe, tal vez para aquella persona sí exista una relación entre las crisis de angustia con el recuerdo de la espera, y encuentre sentido en ese nexo.

El pasado en psicoanálisis es algo que se construye cuando logramos hablar, explicar, poner en palabras las imágenes o recuerdos que se nos revelan. Es un «pasado actual», es decir, sólo existe o tiene sentido en el presente. Del mismo modo, el inconsciente no es —como se suele pensar— lo que se opone a lo consciente: no hay algo «debajo» o «detrás» de nuestras acciones donde ubicar la causa de las mismas. El inconsciente se encuentra en nuestras propias acciones y en nuestras palabras del sujeto; por eso se dice que es algo que se produce. Es algo que será escuchado, que será leído para darle un sentido a eso que me sucede y no sé por qué. Por eso, el psicoanálisis insiste en cuestionar al sujeto en los puntos donde no se piensa, donde es llevado a ser y actuar de determinada manera: ¿qué nos hizo enamorarnos de nuestra pareja? ¿Por qué elegimos una profesión y no otra, o por qué no elegimos ninguna? ¿Qué tipo de amistades frecuentamos? ¿Cómo nos vinculamos? Son algunas de las situaciones en las que muchas veces «creemos elegir», cuando en realidad —si lo pensamos— están regidas por lo inconsciente y por ello tendemos a repetirlas.

NO ES UNA CUESTIÓN DE MODA

El psicoanálisis no es una cuestión de moda, decir que está pasado de moda es como afirmar que el inconsciente también lo está. Ese tipo de comentarios responde a un malentendido de lo que se entiende por inconsciente o bien, a la resistencia comprensible, inherente a cada sujeto, de «no querer saber nada» de aquello que fue reprimido.

Como inconsciente y deseo confrontan la integridad del sujeto, es decir, nos dividen y nos enfrentan a la premisa de que «no somos uno como totalidad, unido y único», sino contrariedades, relaciones de fuerza, muy alejados de los mitos que nos hemos inventado para sentirnos más seguros y menos perdidos, preferimos pensar que el psicoanálisis está fuera de moda, es decir, sin valor ni uso, sin criterios válidos que aportar, sin el quórum de la mayoría.

El psicoanálisis, en efecto, propone una búsqueda que no es simple ni rápida, ya que para contactarnos con nuestros deseos tenemos que echar marcha atrás. Recorrer los caminos que ya hemos andado, correr el velo de lo que en un tiempo fue doloroso para encontrar ahí el porqué respondemos de una u otra manera frente a situaciones que no tendrían que despertar nuestra agresión, nuestro dolor o nuestros temores.

Acceder al psicoanálisis nos enfrenta con la renuncia a la ilusión vana y complaciente de que todo puede ser solucionado de forma *express*. Muchas otras terapias basadas en el positivismo[5] no tienen en cuenta que el inconsciente condiciona al ser humano, y refuerzan y apoyan la parte consciente de la persona. A diferencia de otros terapeutas, el psicoanalista trabaja con la imposibilidad del individuo de procurarse una vida más disfrutable, y no porque no lo desea, sino porque no puede.

Él sabe, por su propia experiencia analítica, que no es cuestión de voluntad sino de penetrar en lo inconsciente: hay motivos desconocidos que nos llevan a actuar y sentir de maneras que la razón desconoce. ∞

NOTAS

1 De esta manera, Gilles Lipovetsky titula su obra y denomina al conjunto de rasgos que caracterizan la sociedad posmoderna: el consumismo, el individualismo, el narcisismo, el hedonismo, la moda, lo efímero.

2 En algunos casos también nos topamos con tratamientos psiquiátricos que incluyen ansiolíticos y tranquilizantes que acortan y hacen indolora la cura.

3 Como reza el principio de Descartes: *Cogito ergo sum* —«pienso porque soy» o «pienso porque existo»—, popularizada como «pienso, luego existo», que apuntalaría el racionalismo occidental.

4 v. «Mito 5: Para el psicoanálisis todo es sexo»; p. 69.

5 El positivismo es una corriente o escuela filosófica que afirma que el único conocimiento auténtico es el conocimiento científico, y que tal conocimiento sólo puede surgir de la afirmación positiva de las teorías por medio del método científico.

BIBLIOGRAFÍA

Sigmund Freud, *Nota sobre el concepto de inconsciente* [1912], *Obras Completas*, tomo XII, Buenos Aires: Amorrortu, 1988.

____, *Una dificultad del psicoanálisis* [1916], *Obras Completas*, tomo XVII, Buenos Aires: Amorrortu, 1988.

____, *Las resistencias contra el psicoanálisis* [1924], *Obras Completas*, tomo XIX, Buenos Aires: Amorrortu, 1988.

____, *Inhibición, síntoma y angustia* [1925], *Obras Completas*, tomo XX, Buenos Aires: Amorrortu, 1988.

Gilles Lipovetsky, *La era del vacío. Ensayos sobre el individualismo contemporáneo,* Barcelona: Anagrama, 1998.

Élisabeth Roudinesco, *¿Por qué el psicoanálisis?,* Barcelona: Paidós, 1999.

ACERCA DE LA AUTORA

Tammy Kalach Atri es psicoanalista de la Asociación Psicoanalítica Mexicana —APM— y trabaja en la ciudad de México con pacientes adolescentes y adultos, y como terapeuta de pareja. Es profesora de la maestría de la Asociación Psicoanalítica Mexicana. Su correo electrónico es: *kalachmail@gmail.com*

Melancolías eran las de antes…
Jacko Zeller, *Diccionario de humor psicoanalítico*

MITO 8

El psicoanálisis no se ha actualizado

Ricardo Velasco Rosas

Pensar en un psicoanalista, su paciente y su diván parece asunto de otros tiempos. Lo podemos situar —si bien le va— en una película de Woody Allen, o bien, en algún pasaje humorístico de Quino, pero ya entrados en el siglo XXI —tiempos del iPod y del *reality show*— parece difícil pensar que aún hay gente que dedica parte de su vida a «psicoanalizar» y otras tantas a «psicoanalizarse».

PSICOANÁLISIS HOY, ¿POR Y PARA QUÉ?

Hemos aprendido que nuestra mente se rige, en esencia, por un funcionamiento inconsciente y que el método que proponemos para llegar a conocer este mecanismo es el psicoanálisis. ¿Por qué elegir este método? De acuerdo con la descripción de Eric Kandel, Premio Nobel de Medicina 2000, «el psicoanálisis representa todavía el punto de vista más coherente e intelectualmente satisfactorio acerca de la mente».

¿Cómo funciona? El psicoanalista toma datos de la vida cotidiana en forma de sueños, *lapsus*, repeticiones de patrones, etcétera, y los aprovecha como medios de la mente para comunicar «algo» que está, digámoslo así, en «lenguaje inconsciente». El analista está capacitado para traducir e interpretar este lenguaje inconsciente —entre otras razones, porque ha sido ayudado durante su formación por otro analista a encontrar algunas ideas centrales acerca de su funcionamiento inconsciente—. De esta manera, ayudará al paciente a que su lenguaje inconsciente olvidado y su lenguaje consciente —hasta entonces el único conocido por él— entablen una comunicación y logren negociaciones más adecuadas para obtener cierta «paz mental».

Lenguaje inconsciente —olvidado.   TRADUCCIÓN   Lenguaje consciente —único conocido.

La idea básica es que con estas traducciones —de lenguaje inconsciente a consciente—, junto con la constancia y vivencia emocional que da la propia relación terapéutica, se podrá obtener un cambio favorable; es decir, que el sujeto podrá pensarse a sí mismo y al mundo que lo rodea de una manera diferente. ¿Por qué se requieren tantos años para esto? La pregunta es válida si la pensamos a partir de la inmediatez de estos tiempos; pero si se ve desde las metas que se deben alcanzar en el tratamiento, podemos preguntarnos, ¿cuánto tiempo nos llevó estructurar nuestra manera de ser, la forma de pensar, el cómo nos relacionamos con nosotros mismos, el patrón bajo el que nos vinculamos con los demás? Y entonces, ¿cuánto tiempo se necesitará para cambiar todo aquello? Visto así, los objetivos no podrían conseguirse en poco tiempo.

Hacer psicoanálisis es como entrar en una rutina de acondicionamiento mental a largo plazo, con ayuda de un entrenador capacitado para ello. Esta rutina no siempre resulta placentera, pero a cambio —y después de mucho esfuerzo— se podrá obtener un mejor equipo mental —o «condición psíquica»— para afrontar las vicisitudes de la vida, aliviar el dolor emocional y ser una persona más espontánea y libre.[1] Ahora bien, la metáfora queda incompleta si nos quedamos con que es suficiente un buen manual de instrucciones y un entrenador que aplique tales procedimientos; se debe dar una relación intensa y fundamentalmente «buena» entre ambos participantes, lo que no quiere decir que sea una relación libre de «conflictos», sino una relación en la que se puedan poner en palabras las experiencias emocionales, y aprender de ellas.

MÁS DE UN SIGLO DE PSICOANÁLISIS

La teoría y el método planteados por Freud, a lo largo de su obra —entre 1895 y 1938—, han sufrido modificaciones en más de un siglo de psicoanálisis. El mismo Freud, en el proceso de su obra, reformuló una y otra vez sus teorías, lo que da fe de un espíritu de revisión continua en sus conocimientos y en la adaptación de la teoría a la realidad emocional.

Así se ha desarrollado el psicoanálisis desde su creación, y si bien los cimientos freudianos permanecen, el edificio ha crecido monumentalmente y se ha adaptado de acuerdo con los tiempos y con las circunstancias socioculturales, incluso en estos tiempos de posmodernidad.[2]

Para una disciplina que tiene como objeto de estudio la vida mental y emocional humana, cien años es poco, y en este tiempo, la sociedad contemporánea ha influido y se ha adherido al psicoanalista y a su quehacer profesional. De esta manera, el psicoanálisis contemporáneo se ha transformado y desarrollado para acompañar al sujeto posmoderno en su búsqueda continua por un sentido de vida y pertenencia.

EL PSICOANÁLISIS CONTEMPORÁNEO

La actitud posmoderna surge como una protesta contra una «fe ciega en la razón» —idea que sostenía la ilusión de La Verdad, con mayúsculas—. El psicoanalista Anthony Elliott[3] define la posmodernidad como «una modernidad sin ilusiones», lo que obliga a todo investigador a tolerar la incertidumbre de no saber y a dialogar interdisciplinariamente con sus colegas, pues ninguna teoría es suficiente ni puede abarcar la totalidad del conocimiento humano.

Cabe recordar que el psicoanálisis fue concebido en tiempos del racionalismo y el cientificismo, por lo que muchas veces, para la explicación de sus teorías, Freud empleaba metáforas mecanicistas y otros conocimientos provenientes de la Física; por ejemplo, pensaba en la mente como un «aparato», o proponía principios de carga y descarga de energía psíquica, para que el psicoanálisis encontrara su lugar dentro del estatus académico y científico de la época. Sin embargo, el mismo objeto de estudio freudiano —lo inconsciente— fue imponiéndose cada vez más como un objeto de estudio reacio a ser «encapsulado» por este tipo de metáforas; y por eso Freud, con una encomiable capacidad autocrítica, reformulaba cada tanto sus teorías acerca del «aparato mental» y sus vicisitudes.

Podríamos decir que estas continuas revoluciones que el propio Freud hacía a sus teorías —algo así como Freud *versus* Freud— sembraron la base de lo que será, décadas más tarde, una actitud posmoderna en el psicoanalista; esto es, la actitud de tolerar la incertidumbre, cuestionar continuamente las propias certezas y luchar contra nuestro narcisismo que nos hace creer que sabemos «la verdad» acerca de nuestros pacientes.

GIRO RELACIONAL

El proceso analítico es también una relación humana en la que dos personas se encuentran en un momento dado, con la finalidad de «hacer psicoanálisis» —conocer un poco más de la vida mental del otro por medio de la búsqueda inconsciente y de las emociones que despierta— y en la que ambos pueden salir muy beneficiados, si se dan el tiempo y la paciencia para ello.

En la actualidad, hay una tendencia que hace cada vez más énfasis en la importancia del vínculo entre paciente y terapeuta, y en la constancia y la empatía del analista a lo largo del tratamiento. Estos factores fundamentales crearán el cambio emocional en el paciente, además de las interpretaciones que efectuará el analista acerca del funcionamiento inconsciente del paciente.

Este cambio, pasar del analista como un observador objetivo y neutral de la mente del paciente a un observador participante que de manera simultánea analiza la mente de su paciente, la propia y la relación entre ambas —pues la relación terapéutica se vuelve lo más central del proceso analítico—, se ha denominado como *el giro relacional*.[4]

LA CLÍNICA DEL VACÍO

Estos cambios socioculturales se traducen en nuevas maneras de buscar el sentido de identidad y, por lo tanto, en nuevas expresiones de *normalidad* y *patología* psíquica. Estas modalidades llegan hoy en día a nuestra clínica cotidiana, y algunos autores las han denominado *la clínica del vacío*. Para entenderlas nos referiremos a una situación cotidiana, universal y común: el *duelo*, término que utiliza la teoría psicoanalítica para referirse a la reacción que todos tenemos cuando perdemos a un ser querido o a un sustituto de éste[5] —por ejemplo, perder el empleo, la juventud, las creencias, la libertad, el país de origen, etcétera—. El duelo plantea a cada quien experiencias diferentes, no es vivido de la misma manera y encontramos, al menos dos formas distintas de esta reacción:

∞ **Reacción temporal:** la persona se entristece, se enoja, se angustia por un tiempo ante la pérdida; sin embargo, puede poner en palabras lo que siente y tiene la certeza de que, a pesar de todo, se sobrepondrá. Tiene la sensación interna de que su autoestima se recuperará después de un tiempo y de que su vida recobrará sentido, independientemente de la ausencia del ser querido.

∞ **Reacción prolongada:** el sujeto por igual se entristece, se enoja y angustia, pero lo hace por un tiempo más prolongado; además —y en esto radica esencialmente la diferencia con el primer grupo— siente que se desintegra, que el dolor es tan intenso que no podrá sobrevivir a él. La ausencia del ser querido es vivida como una ausencia de algo, de uno mismo, de una parte de sí, como si algo «propio» le hubiera sido arrancado; tiene la sensación de que nunca podrá salir adelante. Dicho de otra manera, la persona siente que no podrá reponerse, a pesar de cualquier búsqueda impetuosa por conseguirlo, y experimenta un inmenso vacío que no puede llenar.

Es un hecho que cada vez son más quienes viven las separaciones con reacciones como las descritas en el segundo inciso, es decir, con una sensación de vacío mental. Estos duelos no siempre tienen que ser tan claros u obvios —como en el caso de un divorcio o una muerte—.

En realidad las pérdidas suceden todos los días, por ejemplo en la evolución de las etapas de la vida —niñez, adolescencia, adultez, vejez— pueden verse como una elaboración de pérdidas sucesivas que ponen a prueba nuestra capacidad mental para conseguir el umbral a la siguiente etapa, afrontando los duelos en cada una.

No obstante, lo que se ve cada vez con más frecuencia es la derrota individual ante tales duelos, lo que usualmente deviene en depresión, trastornos psicosomáticos, adicciones, trastornos alimenticios, perversiones sexuales o conductas criminales.

El común denominador de estas patologías es que son intentos fallidos para elaborar la angustia y los duelos en la vida cotidiana, y la incapacidad de utilizar formas más adecuadas para sobreponerse, por ejemplo, por medio de la creatividad. ¿Cómo termina un duelo mal elaborado en una de estas salidas patológicas? La idea central es que la mente —y de manera especial la parte inconsciente de ésta— recurre a dos estrategias defensivas:

❧ **Hacia adentro:** desplazando el conflicto del duelo directamente al propio cuerpo, es decir, encontrando una salida «hacia
adentro»; una estrategia defensiva que se manifiesta en forma
de adicciones, trastornos alimenticios, trastornos psicosomáticos o enfermedades crónicas.

❧ **Hacia fuera:** la segunda estrategia se logra desplazando el
evento en forma de agresión al entorno social, es decir, «hacia
fuera», y se manifiesta, por ejemplo, en forma de conductas
perversas o delictivas.

La explicación desde el psicoanálisis es que la persona, en lugar
de contar o relatar lo que le está pasando, lo hace por medio de
conductas —lo que no se expresa en «palabras» se expresa en
«actos»—, y lo hace porque percibe por un instante que «ese acto»
—por ejemplo un atracón de comida en una chica bulímica— está
llenando el «vacío mental» producido por la angustia y el acto
mismo le produce un instante de placer.

Pero el costo resulta ser muy alto por tan poco placer, y no sólo el
costo social —de un acto delictivo, por ejemplo— sino, sobre todo,
el mental y emocional, ya que la persona se hace cada vez más dependiente a este tipo de salida y, poco a poco este funcionamiento
abarcará más territorio sobre la mente, al punto de, por así decirlo,
«tomar las instalaciones» completamente, lo que resulta en un sufrimiento emocional intenso y la sensación de estar viviendo una
vida ajena, falsa y sin sentido.

En todas estas situaciones el entorno —desde la familia nuclear hasta
la sociedad misma— no suele tener una respuesta empática[6] y receptiva hacia el sujeto, por lo que se crea un «patrón relacional» o un modo
de relacionarse con los demás y con uno mismo que, usualmente, es
patológico; es decir, tiende a ser monótono, repetitivo, uniforme y

poco flexible ante las situaciones de la vida; además —ésta es la parte que al psicoanálisis más le interesa—, este «patrón relacional» es parte del territorio de lo inconsciente.

UN CASO DE «VACÍO MENTAL»

¿Por qué, por ejemplo, una adolescente que termina con su novio —con quien lleva apenas unas semanas— cae en un problema de «bulimia», y otra chica, ante una ruptura similar, sólo pasa por una tristeza pasajera y al poco tiempo está «como si nada»? Detrás de la chica con bulimia —y particularmente detrás de ese «acto bulímico», entendido como síntoma— se expresa una protesta de que algo en su vida emocional y mental no ha ido bien desde hace tiempo y de que ha habido alguna «carencia» en las primeras relaciones, mientras su desarrollo psicológico se consolidaba, lo que le impide superar los duelos y vivirlos como una derrota propia.

Supongamos que la chica en cuestión perdió a su madre cuando tenía dos años, que nunca conoció a su padre, que quedó a cargo de sus abuelos, quienes la maltrataron física y psicológicamente y que, además, vive en un entorno urbano violento y poco respetuoso. Con estos antecedentes es muy probable que durante su desarrollo —necesariamente detenido— pasen por su mente preguntas del tipo «¿para qué estoy viva?», o afirmaciones como «nadie me quiere», y que, al no encontrar una respuesta empática, genere una estructura melancólica con una sensación de desesperanza.

Pensemos que esta chica, a sus 16 años, encuentra, o mejor dicho, tiene la ilusión de haber encontrado en su novio a esa persona que al fin la hace sentirse querida, pero que al poco tiempo la deja por otra, repitiendo nuevamente el patrón relacional de «ser abandonada», ya que ella ha elegido de manera inconsciente el prototipo que cumplió tal destino.

Con todos estos antecedentes, podríamos comprender por qué esta chica puede comenzar con un cuadro bulímico ante la ruptura de un noviazgo que duró unas cuantas semanas, lo que visto desde la óptica del ojo adulto, parecería totalmente absurdo; sin embargo, bajo la lente psicoanalítica no es absurdo en absoluto, ya que lo importante no es la ruptura con ese novio en particular, sino lo que la pérdida significa y mueve de manera emocional, porque activa —en forma inconsciente— el cúmulo de pérdidas anteriores: madre muerta, padre abandonador, abuelos abusadores, entorno carente. Esto acarrea la sensación de «vacío» y desamparo que empuja a la joven a la salida bulímica, con la ilusión de que un atracón de comida puede ayudar a tapar el vacío y así, al menos por unos minutos, sentirse existente.

NUESTRA PROPIA LOCURA

Es importante recalcar la idea de la «óptica del adulto» frente a la reacción del «adolescente», ya que, en términos más amplios, es lo que hacemos todos con «el otro», sin importar su edad. En términos generales, tendemos a ver las conductas extravagantes como síntomas de locura que deberían ser objeto de estudio psiquiátrico, pero no nos damos cuenta de que nadie está exento de esas conductas y de que si descalificamos *a priori* estas expresiones, aumentamos la dosis —ya de por sí elevada— de crear un ambiente poco favorable ante las angustias y duelos de los demás.

Nadie está libre de duelos, pérdidas, carencias o angustias, y esto nos hace en forma simultánea dolientes y acompañadores de duelos. Es decir, como sociedad, somos agentes activos del devenir psíquico de un sujeto en duelo y también somos receptores de la respuesta social hacia nuestras propias pérdidas. ¿Por qué entonces juzgar tan fácilmente una reacción de la que no somos del todo ajenos?

No está de más recordar que el psicoanálisis, desde su origen freudiano, revolucionó totalmente la visión del ser humano, en especial de su salud mental y de su patología, ya que con sus postulados denunció la falsa idea de que «la locura está en el otro», o de que «el otro es el que sufre de sus emociones» para, en cambio, entender que debemos hacernos cargo de nuestra propia locura y aprender a escuchar nuestro propio sufrimiento emocional.

NUESTRO TIEMPO Y ESPACIO

Son las características de los tiempos que corren lo que hace que sea tan valioso e inusual tener un tiempo y un espacio dedicado a uno mismo. Se trata de darse un lugar y un momento para tener una relación en la que «están para escucharme», en la que no hay prisa ni juicios, y uno puede detenerse a pensar en su historia. Darse tiempo y espacio para saber qué tipo de trato nos damos a nosotros mismos, qué tipo de trato le damos al otro, averiguar qué podrá significar ese sueño o ese recuerdo que de pronto viene a la mente, y sobre todo, poder contar con un vínculo con otro en el que, semana a semana, en este mundo caótico e inestable, el analista estará a la misma hora y en el mismo lugar para que le contemos y nos escuche, y para que nos aproximemos un poco más hacia nuestro autoconocimiento y nos sintamos acompañados en este descubrimiento. ଔ

NOTAS

1 Uno de los más grandes psicoanalistas de todos los tiempos, Donald Winnicott (1896-1971), sugería al menos dos indicadores de salud mental: desarrollar la capacidad de estar a solas y la de jugar; es decir, tener una buena capacidad para elaborar los duelos y ser un adulto espontáneo y genuino.

2 v. «Mito 7 El psicoanálisis ya no está de moda»; p. 91.

3 Anthony Elliott, «Psychoanalysis and the Seductions of Postmodernity», *Psychoanalysis and Contemporary Thought*, 1995.

4 El psicoanálisis relacional es una corriente contemporánea de psicoanálisis que enfatiza la función de las relaciones reales e imaginarias con los demás en la salud mental, el desorden mental y la psicoterapia.

5 Debemos a Sigmund Freud el primer modelo psicoanalítico del duelo, en el que expone su definición como la reacción ante la pérdida de un ser querido o a cualquier sustituto que haga las veces de éste; la idea freudiana es que el duelo es un «trabajo inconsciente» que la mente realiza para superar la pérdida. Esta exposición se encuentra en su obra *Duelo y melancolía*.

6 Es muy importante entender que gran parte de lo que llamamos traumático no es el hecho en sí, sino la reacción del entorno social al mismo hecho; es decir, lo que marca muchas veces que un hecho sea o no potencialmente traumático tiene que ver con la capacidad del otro para hacer más «digerible» el evento, en la medida en que ofrezca el espacio y el tiempo para ello.

BIBLIOGRAFÍA

Anthony Elliott, «Psychoanalysis and the Seductions of Postmodernity», *Psychoanalysis and Contemporary Thought*, 1995.
Eric Kandel, «Biology and the Future of Psychoanalysis: A New Intellectual Framework for Psychiatry Revisited», *American Journal of Psychiatry*, 1999.

LIBROS RECOMENDADOS

- **André Green**, *Ideas directrices para un psicoanálisis contemporáneo*, Buenos Aires: Amorrortu, 2003.
- _____, *Narcisismo de vida, narcisismo de muerte*, Buenos Aires: Amorrortu, 1983.
- **Otto Kernberg**, *Controversias contemporáneas de las teorías psicoanalíticas*, México: El Manual Moderno, 2004.
- **Jaime Lutenberg**, *El vacío mental*, Perú: Amorrortu, 2007.
- **Stephen Mitchell**, *Más allá de Freud*, Barcelona: Herder, 2004.
- **Paul Wachtel**, *Relational Theory and the Practice of Psychotherapy*, Nueva York: Guilford Press, 2008.

ACERCA DEL AUTOR

Ricardo Velasco Rosas se desempeña como psicólogo y psicoterapeuta psicoanalítico de adolescentes y adultos. Docente en la maestría en Psicoterapia psicoanalítica y del doctorado de la Asociación Psicoanalítica Mexicana —APM—. Es además coordinador del diplomado Psicoanálisis contemporáneo en la Universidad Intercontinental —UIC— de la ciudad de México y psicoanalista de la APM. Su correo electrónico es: *ricardovelasco75@yahoo.com.mx*

—¿Se da cuenta doctora?
Tantos años viniendo a terapia.
¡Décadas! Y sin perspectiva de darme el alta.
¿No es conmovedor?
¡Envejecemos juntos doctora!

Gaspar el revolú de Rep

MITO 9

El psicoanálisis siempre es un viaje al pasado

Alexis Schreck Schuler

Un malentendido común en torno al psicoanálisis es la idea de que el paciente debe estar todo el tiempo recordando el pasado para traerlo al espacio del consultorio y así, de paso, encontrar en sus progenitores a aquellos malvados tiranos que instigaron traumas monumentales durante la infancia, los cuales han sido oportunamente reprimidos y, que siendo ahora ya recordados mediante la rememoración psicoanalítica, se logran resolver de inmediato para alivianar de pronto una vida conflictiva y dolorosa.

Esta visión poco se ajusta a lo que en verdad sucede en el consultorio y a lo que ofrece el psicoanálisis como propuesta terapéutica. Pero como consecuencia de esta simplificación errada, han surgido terapias rápidas y a corto plazo, que lidian con el aquí y el ahora, negando que nuestro presente y nuestros actos actuales están íntimamente enlazados a nuestra historia; es decir, son una repetición inconsciente de tiempos pretéritos.

REPETIR, REPETIR, REPETIR

La «compulsión de repetición» o «compulsión a la repetición»[1] —como se traduce el concepto al español en las diferentes ediciones de las *Obras Completas* de Sigmund Freud— es la tendencia de cada uno de nosotros a repetir, una y otra vez, las mismas conductas, actitudes, ideas, pensamientos y emociones, de manera que nos volvemos a colocar en situaciones penosas en la actualidad, pero que, inadvertidamente, resultan ser repeticiones de vivencias infantiles.

La experiencia original generó sufrimiento en su momento y aún conserva su carácter doloroso en la actualidad; sin embargo, no es recordada, y por eso nos deja la viva impresión de que se trata de algo motivado por el momento presente y que no tiene ninguna relación con nuestro pasado. Por ejemplo, la historia de aquella mujer que se casó tres veces y en las tres el marido enfermó y ella debió cuidarlo en su lecho de muerte.

Hace casi un siglo Freud ejemplificaba estas repeticiones comunes con individuos cuyas relaciones humanas llevan a un idéntico desenlace: benefactores cuyos protegidos —por disímiles que sean en otros aspectos— se muestran ingratos después de cierto tiempo; hombres en quien toda amistad termina con la traición del amigo; otros que repiten incontables veces el acto de elevar a una persona a la condición de eminente autoridad para sí mismos o aun para el público y, tras un lapso señalado, la destronan para sustituirla por una nueva; amantes cuya relación tierna con la mujer recorre siempre las mismas fases y desemboca en idéntico final, etcétera.[2]

«SIEMPRE LO MISMO»

Revisemos este ejemplo: una mujer joven llamada Marta que acudió a consulta relata con tristeza su divorcio de un hombre alcohólico. Con la firme resolución de nunca volver a salir con alguien que abusara del alcohol o que consumiera drogas, comenzó a frecuentar a un joven sano y deportista. Sin pensarlo mucho y eligiéndolo «por contraste con el anterior», se casó entusiasmada. Al cabo de muy pocos años su flamante marido ya era un consumado triatleta que se despertaba a las 5 de la mañana para comenzar su entrenamiento antes de ir a trabajar y regresaba en la noche francamente agotado. Los fines de semana dejaba sola a su esposa pues siempre había una competencia en puerta que ameritaba intensas horas de ejercicio.

Marta se encontraba de nuevo sola, desolada. Había logrado darle una vuelta a su vida que la volvía a poner en la misma situación. Ambos maridos resultaron ser adictos a algo que siempre la dejaba excluida y abandonada. Menuda conmoción para Marta, que en verdad pensó que había logrado evitar la repetición de su historia. Pero, ¿de dónde surgía esto? ¿Con qué tenía relación?

Su análisis nos remontó a una infancia de mucha soledad: era la menor de cinco hermanos y sus padres no sólo no la habían deseado, sino que siempre se encontraban ocupados en sus trabajos y quehaceres, al igual que sus hermanos, que ya eran adolescentes cuando ella nació. Para simplificar el historial: la pequeña Marta nunca fue tomada en consideración. No fue mirada.

1. Entender es la mitad del camino. Ahora bien, el hecho de que Marta sepa de su compulsión a la repetición y que le haya dado significado a su historia no implica que esto se haya superado. Por eso el psicoanálisis es tan largo, porque la tendencia a repetir es como la cualidad de una masa de *pizza*: uno estira y estira pero ésta tiene una viscosidad tal que siempre tiende a regresar a su lugar, a retomar su tamaño.

2. Ojos que no ven. Otro inconveniente es que la repetición aparece disfrazada ante nuestros ojos, que además se resisten a ver porque sólo pueden «entender» y vivir por medio de la misma repetición —este asunto lo trataremos más adelante—. Suelo establecer la analogía entre un diablo caricaturizado que, si llegara a nosotros con su trajecito rojo, sus cuernos y un tridente y nos invitara a asociarnos con él en un negocio, lo más seguro es que diríamos que no, y la famosa «tentación» quedaría lejos de nuestro alcance. Sin embargo, el diablo se disfraza para que no lo podamos detectar y la tentación cambia de forma pero se vuelve a presentar. Lo mismo sucede con la repetición: está ahí, en casi todo lo que somos y lo que hacemos; a veces para bien, pero muchas veces para mal y, justamente por eso, nosotros no la podemos ver, se nos esconde y se nos escapa. Ésos son los disfraces de lo inconsciente.

3. Ni *karma* ni azar. En ocasiones, estas conductas o situaciones no necesitan de una propensión por nuestra parte, sino que parecen azarosas y aleatorias, «nos suceden» y dan la impresión de que nosotros no tuvimos nada que ver. A veces estas repeticiones son incesantes y vividas como un «destino» en el que nosotros no tuvimos ninguna intención ni deliberada, ni inconsciente.

Uno de los ejemplos poéticos más representativo de un destino fatal se encuentra en la obra *Jerusalén liberada*.[3] El héroe, Tancredo, dio muerte sin saberlo a su amada Clorinda cuando ella lo desafió revestida con la armadura de un caballero enemigo. Ya sepultada, Tancredo se interna en un ominoso bosque encantado que aterroriza al ejército de los cruzados. Ahí, clava su espada en un alto árbol, pero de la herida del árbol mana sangre y la voz de Clorinda, cuya alma estaba aprisionada en él, le reprocha que haya vuelto a herir a su amada.

Temo decirles que el psicoanálisis no cree en el azar, y no daría pie a justificaciones como «no me di cuenta», «yo no sabía», «no me lo esperaba», y demás argumentaciones, sean éstas simples o elaboradas. Para Freud y los psicoanalistas que continuamos desarrollando sus investigaciones clínicas, todos una y otra vez nos volvemos a colocar en situaciones que no generan ningún tipo de placer, e incluso nos vemos afligidos por designios que pueden provenir no sólo de nuestros propios inconscientes, sino de los de nuestros progenitores, desenvolviéndose a futuro como «destino fatal» o «tragedia de destino». No olvidemos que el famoso mito de Edipo Rey —sobre el cual Freud erigió al legendario Complejo de Edipo— versa sobre este tipo de tragedias.

LA REPETICIÓN ES UN ATAJO

El aparato psíquico se ha generado a partir de la repetición del paso de energía entre las representaciones mentales: se forman facilitaciones que permiten un pasaje más directo. Un ejemplo claro es el proceso alucinatorio del bebé que chupetea aún cuando no está presente el pecho o el biberón; ésta es una repetición de la vivencia de mamar que ha tomado un camino más directo, como un atajo; ante el hambre la *psique* del bebé «enciende» las representaciones de pecho o biberón aunque no estén ahí, y como consecuencia el bebé succiona.

Asimismo, la repetición es prácticamente inherente al juego y a casi todo quehacer infantil. Esto quizá pueda corroborar que tiene para los niños una función estructuradora que auxilia en el proceso del desarrollo: cómo si en el trámite de integrar nuevas experiencias existiese una necesidad de repetirlas para lograr cierto dominio sobre ellas. Por ejemplo, aquel niño que ve una y otra vez la misma película y logra así predecir la trama y aprenderse el diálogo. Cuántas veces no nos hemos agotado de lanzar una y otra vez a nuestros hijos al aire, o recordamos el «¡mira, mamá!» cuando éstos nos muestran más de cien veces cómo se tiran a la alberca.

De la misma forma, tanto en el caso de los niños como en el caso de los adultos, la repetición implica un atajo psíquico, esto es, un camino más directo, lo que trae como consecuencia un ahorro en el gasto mental que es vivido como placentero. Es triste decirlo, pero mientras tengamos menos que pensar, mayor será nuestra sensación de comodidad. Por eso, frecuentemente, utilizamos viejos métodos para solucionar nuevos problemas.

RECORDAR, REPETIR Y ELABORAR

Sigmund Freud empieza a demostrar su interés en la repetición como un concepto fundamental para la clínica psicoanalítica en 1914, cuando presenta un escrito titulado «Recuerdo, repetición y elaboración», en el que se resumen los tres objetivos terapéuticos más ambiciosos del método psicoanalítico:

1. **Recordar.** No basta con «recordar» los sucesos traumáticos de la infancia, sino que es necesario «repetirlos» en el espacio psicoanalítico. Nos encontramos inmersos en plena teoría de la «transferencia», que Freud explica como una «falsa conexión» que, en un momento del proceso terapéutico, efectúa el paciente al comportarse hacia la persona del analista como si se tratase de alguna de

las figuras infantiles más significativas de sus primeros años de vida —padres o hermanos.

2. Repetir en transferencia. La transferencia, como reedición de los deseos o las fantasías infantiles en la situación analítica actual y sobre el analista, aparece como un efecto de la repetición. De este modo, la compulsión de repetición representa la tendencia del paciente a repetir, mediante la transferencia con el analista, como si se tratase de una experiencia «actual», un material reprimido en la infancia, en vez de evocarlo cual recuerdo. Lo que no se recuerda se repite, y se repite para no ser recordado. La «actuación», la repetición, es la resistencia a la rememoración; esto es: activamos modelos de ser, de relacionarnos, de estar en el mundo, precisamente cuando no recordamos lo que nos hizo ser así. Sin embargo, es esta misma actuación, esta repetición, la que servirá de resistencia para no ver, para no recordar el origen.

El ejemplo más claro es el paciente que no da absolutamente nada y se encuentra enfrascado en un egoísmo absoluto, porque nunca se le enseñó a compartir y sus papás lo trataban como a «su majestad, el bebé», sin cuestionarlo, pero a la vez sin relacionarse con él, sin escucharlo, ni verlo, ni conocerlo. En el proceso analítico se comienza a sentir entendido y eso lo asusta, por lo que rápidamente instituye el «no dar»: comienza a faltar a sus sesiones y empieza a endeudarse, colocándose en el mismo lugar infantil: «sólo mis reglas valen». Deja el análisis antes de que se le pudiera mostrar la relación de esta actitud con su infancia. La acción sirvió a la resistencia a saber de uno mismo.

La repetición también posee otros manifestantes, dado que para el inconsciente todo es repetición, nada se pierde y nada se crea, sólo se reescribe incesantemente.[4] En la transferencia tenemos la expresión más directa de la repetición, así como la más accesible al análisis, pero debemos considerar que todos somos sujetos repetidores, no sólo durante el proceso terapéutico sino a lo largo de nuestras vidas y nuestras relaciones con los otros. Por ejemplo, las vivencias infantiles que en su tiempo no fueron entendidas, pero que tienen significación *a posteriori*, con frecuencia no pueden despertar un recuerdo y sólo pueden ser entendidas por medio de los sueños mediante la formación discursiva del paciente e inferidas a partir de las repeticiones en la actualidad. Por eso cuando Freud introdujo la regla fundamental de la «libre asociación», se dio cuenta de lo siguiente:

> Cuando aplicamos la nueva técnica […] podemos decir que el analizado no recuerda, en general, nada de lo olvidado y reprimido, sino que lo actúa. No lo reproduce como recuerdo, sino como acción; lo repite, sin saber desde luego que lo hace […] Calla, y afirma que no se le ocurre nada […] Por eso tenemos que estar preparados para que el analizado se entregue a la compulsión de repetir, que le sustituye ahora el impulso de recordar, no sólo en la relación personal con el médico, sino en todas las otras actividades y vínculos simultáneos de su vida.

3. Elaboración. El mismo paciente será quien traiga aquel instante del inicio de su padecimiento al presente, pero lo confundirá y asegurará que se trata de algo real y objetivo, motivado en el presente. Por eso, desde la teoría psicoanalítica se sostiene que el pasado tiene un poder actual, una fuerza presente y no sólo un valor histórico. El paciente no puede dejar su proceso sintomático de un momento para el otro, aun teniendo consciente su origen, sino que será necesario replicarlo durante el tratamiento para develarlo y resolverlo poco a poco.

Por eso Freud introdujo el término *elaboración* o *reelaboración*, que aparece como el tercer objetivo terapéutico y la labor más tardada del proceso analítico. Es entonces que el trabajo terapéutico implicará una reconducción al pasado, un traslado que es guiado, motivado por las sucedáneas manifestaciones de la repetición transferencial y reelaborada cuidadosamente en el consultorio. A partir de la compulsión repetitiva en la relación con el analista podremos inferir un pasado que se actúa, pero no se recuerda. Sin embargo, en «Recuerdo, repetición y elaboración», Freud concluye:

> El hacer repetir en el curso del tratamiento analítico según esta técnica más nueva, equivale a convocar un fragmento de vida real, y por eso no en todos los casos puede ser inofensivo y carente de peligro. De aquí arranca todo el problema del a menudo inevitable empeoramiento durante la cura.

Como no se puede vencer un enemigo en su ausencia, la compulsión de repetición trae al consultorio todos aquellos motivos que generaron, originalmente, la infelicidad o la inadecuación que en la actualidad se manifiesta. El paciente que suele evadirse de su condición de enfermo debe ahora atender los fenómenos de su padecimiento y considerarlo un oponente digno. Por un lado será necesario que se reconcilie con los motivos reprimidos y, por otro, deberá ser «paciente» y tolerante ante su padecer.

PERO ¿QUÉ ES LO QUE SE REPITE?

En la primera exposición freudiana de 1895 con respecto al trauma, Freud pensaba que el niño o la niña pequeña habían sido seducidos por un adulto y que esta seducción, del orden de lo sexual, quedó como una lastimadura, una huella dolorosa, apartada de los procesos conscientes. Esta seducción —quizá el toqueteo de genitales por parte de un extraño— no fue entendida al momento por el niño debido a su «desconocimiento» de la sexualidad. Por eso el recuerdo traumático permanecía como un cuerpo extraño que amenazaba al psiquismo, pues su recuerdo era intolerable y, por este motivo, es apartado de la conciencia. Este recuerdo que ha devenido trauma, generará siempre dolor y discordia, condenándose a su repetición. Lo que resulta paradójico es que la represión es siempre fallida y por eso lo traumático regresa repetitivamente.

En 1914, Freud expresó de manera tácita que se repite «todo cuanto desde las fuentes de su reprimido ya se ha abierto paso hasta su ser manifiesto: sus inhibiciones y actitudes inviables, sus rasgos patológicos de carácter. Y, además, durante el tratamiento repite todos sus síntomas».

Lo que se repite en la transferencia con el o la psicoanalista son todas las situaciones de angustia y desilusión sufridas en la infancia, en forma particular durante la época del complejo de Edipo. Se pone en juego lo inconsciente propiamente dicho: lo sexual que ha sido reprimido y las aspiraciones infantiles que sólo encontraron el desengaño. Lo que se repite es lo que fue vivido en el escenario de nuestra vida, nuestras pasiones y tragedias de la infancia, y que pone el énfasis en el inmenso poder de nuestras fantasías infantiles.

EL TRAUMA PSÍQUICO

Freud explica que el trauma se da cuando un estímulo de gran magnitud afecta al aparato psíquico ante la falta de reacción del proceso defensivo. Lo traumático queda del lado de lo inesperado; por eso el psiquismo no puede lidiar con su efecto. Para entender lo anterior visualicemos un accidente automovilístico. No es lo mismo cuando uno está viendo cómo otro coche está por pegarnos que cuando nos toma enteramente por sorpresa. En el primer caso uno logra frenar, mover el volante, acomodar el cuerpo, avisar a los demás pasajeros, mientras que el organismo secreta su buena dosis de adrenalina; en el segundo caso el cuerpo no se prepara y el golpe será mucho más rudo y traumático. Lo mismo sucede con el trauma psíquico.

Lo traumático puede ser aquello que vivimos y que no fuimos capaces de esclarecer, de entender ni de darnos cuenta. Imaginemos a un niño que crece en el seno de una familia depresiva y ya mayor llega al psicoanálisis sin entender por qué los rasgos de su carácter y su infelicidad, si aparentemente su infancia fue «normal» y sin «traumas». Es como si le preguntáramos a un pez qué ve a su alrededor, con trabajo nos contestará que «agua». Sólo mediante un arduo proceso analítico uno puede darse cuenta de lo que para uno mismo tuvo efecto traumático.

Los sueños repetitivos parecen intentar enfrentar el momento traumático una y otra vez, en una tarea inevitable. Lo mismo sucede con el juego infantil: Freud señala que la repetición en el juego infantil aparece constantemente en estos manifestantes del quehacer del niño, lo que confirma que la repetición tiene una función estructuradora que colabora en el proceso del desarrollo.

A partir de estos dos fenómenos —los sueños repetitivos y el juego infantil— y de la observación clínica de la repetición transferencial en el consultorio, Freud reubica a la compulsión de repetición y para ello debe introducir un concepto que resulta en una transformación de la teoría freudiana y en un nuevo modelo dualista: la *pulsión de muerte*.

LA PULSIÓN DE MUERTE

La pulsión de muerte aparece en la obra freudiana como una tendencia interna que está en el origen de todo y que muestra la predisposición de toda pulsión a retornar a un estado anterior, lo que nos remite a lo inorgánico, a la muerte energética. En lugar de pulsión debería haberse llamado *tendencia,* pues más que movilizar o propulsar, esta propensión es más parecida a la fuerza de gravedad que de alguna manera «jala» hacia una ausencia energética.[5] Existe una noción un tanto generalizada de que la vida en sí tiende al desarrollo, al crecimiento, al progreso, en fin, quizá hacia la perfección. Sin embargo, Freud borra esta ilusión de un plumazo. La predisposición original es a la ausencia de vida, tendencia que entrará en una constante confrontación con la pulsión de vida —cuya energía es la «libido»—. Esta dualidad de pulsiones es la que nos divide y une nuestra vida biológica y nuestra vida psíquica. Estamos en el terreno de lo que comúnmente se llama Eros —ἔρως, lo que cohesiona todo lo viviente— y Thánatos —θάνατος, muerte no violenta, retorno a la nada.

Así, la compulsión de repetición aparece ligada a esta pulsión de muerte que, a veces —en el peor de los casos— estanca al paciente y al analista mediante el puro efecto de la repetición, generando que con el tiempo se pierda de vista aquello que se está repitiendo para sólo quedar vivo el puro acto de repetir en sí.

EL PASADO VIAJA AL PRESENTE

Resumiendo, la compulsión de repetición nos permite entender por qué el psicoanálisis como terapia se realiza bajo ciertas condiciones, con la mayor frecuencia posible de sesiones a la semana y durante un periodo largo de tiempo. El psicoanálisis no es siempre un viaje al pasado, ya que nosotros no iremos a buscar aquel recuerdo traumático como si fuera un tesoro enterrado bajo la «X» que forman dos palmeras. Más bien el recuerdo vendrá a nosotros, pero no como tal, sino como repetición vivida en la transferencia con el psicoanalista: el pasado viaja al presente y así tiene la oportunidad de ser reeditado.

Indudablemente es un viaje intenso, con itinerario incierto y para el que se requiere un compañero confiable: «el analista». Y muchas veces resultará que es más importante y enriquecedor el recorrido en sí que el destino final. ∝

NOTAS

1 En alemán, *Wiederholungszwang,* significa «compulsión a la repetición».

2 Sigmund Freud, *Recordar, repetir y reelaborar. Nuevos consejos sobre la técnica del psicoanálisis, Obras Completas,* tomo XII, Buenos Aires: Amorrortu, 1980.

3 *Gerusalemme Liberata,* epopeya romántica del poeta italiano Torquato Tasso (1544-1595), conocido por esta obra que ambientó en épocas de la Primera Cruzada.

4 Gerard Bonnet, *La transferencia en la clínica psicoanalítica,* Buenos Aires: Amorrortu, 1991.

5 En *Más allá del principio del placer* Freud dice que todo organismo vivo regresa a lo inorgánico «por razones internas» porque «la meta de toda vida es la muerte y retrospectivamente: lo inanimado estuvo ahí antes que lo vivo».

BIBLIOGRAFÍA

Gerard Bonnet, *La transferencia en la clínica psicoanalítica,* Buenos Aires: Amorrortu, 1991.

Josef Breuer, y Sigmund Freud, *Estudios sobre la histeria* [1895], en *Obras Completas,* tomo II, Buenos Aires: Amorrortu, 1985.

Gilles Deleuze, *Repetición y diferencia* [1969], Barcelona: Anagrama, 1995.

Jacques Derrida, «Freud y la escena de la escritura», en *La escritura y la diferencia,* Barcelona: Antropos, 1989.

Sigmund Freud, *Recuerdo, repetición y elaboración* [1914], *Obras Completas,* tomo XII, Buenos Aires: Amorrortu, 1985.

_____, *Más allá del principio de placer* [1920], *Obras Completas,* tomo XVIII, Buenos Aires: Amorrortu, 1985.

Paul Ricoeur, *Freud: una interpretación de la cultura* [1965], México: Siglo XXI Editores, 2002.

Élisabeth Roudinesco, *Diccionario de psicoanálisis,* México: Paidós, 1997.

Alexis Schreck, *Compulsión de repetición. Un concepto psicoanalítico,* trabajo presentado en el XVII Congreso Estudiantil de Psicología, Universidad Iberoamericana, México: 2000.

_____, *La compulsión de repetición: la transferencia como derivado de la pulsión de muerte en la obra de Freud,* tesis doctoral del Centro de Estudios de Posgrado, Asociación Psicoanalítica Mexicana, por publicarse.

_____, *Más allá del principio de placer,* trabajo presentado en el XLVIII Congreso Nacional de Psicoanálisis de la Asociación Psicoanalítica Mexicana «La práctica psicoanalítica: convergencias y divergencias», Jalapa: 2008.

ACERCA DE LA AUTORA

Alexis Schreck Schuler estudió la licenciatura en Psicología en la Universidad Anáhuac y la maestría en Psicoterapia psicoanalítica en la Asociación Psicoanalítica Mexicana —APM—, donde también estudió el doctorado en Investigación en Psicoanálisis. Es psicoanalista de la APM, docente del doctorado y la maestría del Centro de Estudios de Posgrado de la misma asociación. Ejerce su práctica privada como psicoanalista y psicoterapeuta de adolescentes y adultos en la ciudad de México. Su correo electrónico es: *alesch@prodigy.net.mx*

—El Yo es siempre una instancia inauténtica.
Opera a fin de ocultar una perturbadora desunión.
—¡Querido! ¡La nena ya dijo sus primeras palabras,
y es lacaniana!

Gaspar el revolú de Rep

MITO 10

Todos los psicoanalistas son iguales

María Luisa Saldaña Obregón

Podríamos comenzar argumentando que toda afirmación absoluta que incluya *siempre*, *nunca*, *nadie* o *todos*, tiene pocas probabilidades de ser «verdad» o al menos, de ser creíble. Este mito remite a las frases hechas como «todos los hombres son iguales», cuando en la realidad es prácticamente imposible llegar a semejante conclusión —por lo menos con conocimiento de causa.

Si cabía alguna confusión en nuestro primer mito respecto a que la psiquiatría, la psicología y el psicoanálisis pudieran ser lo mismo —ya vimos que son disciplinas diferentes, con tratamientos y fines distintos—, resultaría difícil no sorprendernos ante las diferentes experiencias que se pueden vivir al interior de un consultorio psicoanalítico, tanto en las técnicas que se emplean o en los objetivos que se abordan, como en la relación paciente-psicoanalista.

ACUERDOS Y DESACUERDOS

A lo largo del estudio y la evolución del psicoanálisis encontramos cruces y desvíos por los que se abren nuevas corrientes y maneras de entender y ejercer el psicoanálisis. Estos «modos de hacer» fundaron dentro del psicoanálisis líneas de pensamiento que privilegiaron unas ideas o técnicas sobre otras. Primero hay que decir que Anna Freud, hija de Sigmund, continuó con algunos aspectos de la escuela de su padre, de la misma manera en la que otros analistas eligieron unos conceptos en detrimento de otros; con el fin de diferenciar lo que ellos hicieron, nos adentraremos en las cuatro escuelas más reconocidas:

1. Psicología del Yo. En los EE. UU., Heinz Hartmann, Ernst Kris y Rudolph Löwenstein —europeos refugiados en los EE. UU.— formaron la Escuela del Yo.

2. Grupo Kleiniano. A principios del siglo XX, Melanie Klein en Budapest, Berlín y luego en Londres, transformó el psicoanálisis con los descubrimientos que hizo con sus pacientes.

3. Grupo Intermedio o Relaciones Objetales. Klein y Anna Freud se enfrentaron teóricamente y ambas —con sus correspondientes seguidores— formaron dos vertientes; al margen quedaron aquellos que no querían pertenecer ni a una ni a otra, por lo que formaron el Grupo Intermedio, que se caracterizó por ganarle terreno a la teoría de las pulsiones para, en cambio, enfocarse a lo que llamamos *relaciones de objeto*, es decir, a las relaciones que establecemos en nuestro mundo interno con las figuras importantes que hemos introyectado[1] y que son protagonistas de nuestras fantasías y sueños.

4. Escuela Lacaniana. Al mismo tiempo en Francia, Lacan se apasionó con la obra de Freud y a partir de la influencia de su entorno —el movimiento surrealista, los filósofos y lingüistas estructuralistas de la época— articuló sus reflexiones en su propia teoría formando la Escuela Lacaniana.

LA PSICOLOGÍA DEL YO

Esta escuela se desprende de una de las teorías que Freud desarrolló y llamó teoría «estructural». Explica el funcionamiento psíquico a partir de tres instancias: Yo, Superyó y Ello. Para poder entender las posiciones y funciones que cumplen estos tres componentes podríamos pensar en un conductor y el coche que maneja: el Yo sería el conductor que mediante sus habilidades logra conducir un auto; el Ello sería el auto con su combustible y todo lo que lo hace funcionar; y el Superyó, la enseñanza de cómo conducir y la serie de normas para hacerlo dentro de una comunidad.

Ésta es una teoría funcional porque la mente humana es vista como un órgano, y sus funciones se deben estudiar y mejorar de manera impersonal; es decir, dejando de lado los anhelos, los deseos, las motivaciones, las experiencias. En el Yo residen el germen de la autonomía, la capacidad para evaluar la realidad y la posibilidad de controlar los impulsos; por eso el analista se enfoca en el enriquecimiento de la capacidad del Yo —o *yóica*— para lidiar sensatamente con los problemas que enfrenta el sujeto. De vez en cuando el analista debe ocupar el lugar de ese «Yo fuerte», en tanto el paciente adquiere la autonomía de su propio Yo, es decir, lo ayudará a evaluar la realidad y a mediar con sus impulsos y sus recursos. Se le da prioridad a la individualidad en detrimento del interés en la comunidad y el compromiso con los demás. ¿Qué buscaría la Psicología del Yo con el ejemplo del conductor, el coche y las normas para conducir? Buscaría centrarse en el conductor y en sus funciones: en sus habilidades para conducir, su capacidad de aprendizaje, su memoria, su sentido de adaptación y orientación, y su juicio.

LA ESCUELA KLEINIANA

Melanie Klein se enfocó en el mundo interno y fantaseado del paciente. Con sus aportaciones transformó el psicoanálisis de su época y fue la primera psicoanalista en describir el estado emocional en el que el bebé nace, a partir del cual se relaciona, principalmente con su madre. De este estado emocional pudo distinguir y comprender las ansiedades que desde muy temprana edad se generan en el bebé y, gracias a su capacidad para detectarlas, comprobar que nuestro «mundo interno» está poblado de «personajes» que de manera constante están en interacción y lidian con un montón de necesidades, impulsos, ansiedades y miedos. Por ejemplo nuestros sueños, en los que aparece un cúmulo de protagonistas en circunstancias extrañas cuyo «guión» realmente pertenece a nuestros personajes internos.

Para ejemplificar este tipo de «personajes» o ansiedades tempranas pensemos en las películas de terror, en las que el personaje «del malo» que nos va a atacar o nos va a encontrar —o el personaje que siempre se nos aparece— es ajeno a nosotros, aunque en realidad representa nuestros propios sentimientos destructivos y de odio, que al no poder tolerarlos en nosotros mismos, los «depositamos» o proyectamos al personaje de afuera. Estos sentimientos recuerdan los temores de las etapas más tempranas de desarrollo hacia los que el bebé reacciona igual que nosotros en las películas de terror. Sin ir más lejos, estos sentimientos son tan incómodos que buscamos deshacernos de ellos: cuántas veces caemos víctimas de una rabia intensa que, en cuanto podemos, la proyectamos en el primero que se nos acerca —nuestra pareja, nuestro hijo, la secretaria, etcétera—, ya que al no tolerar el enojo en nosotros mismos y poder seguir siendo «buenos», convertimos al de al lado en «malo».

Por suerte Klein también observó que como parte del desarrollo existe un estado de integración en el que podemos juntar el aspecto «bueno» y el «malo» en la misma persona. Reconocemos también los aspectos buenos en el otro y entonces viene la culpa, la depresión por haber dañado al de afuera, y con ellas los intentos de «reparación» o «reconciliación» con ramo de flores, dulces, disculpas, porque nosotros también asumimos parte de ese personaje «malo» que ahora nos genera culpa.

Muchas son las combinaciones que pueden surgir a partir de estos mecanismos para lidiar con nuestras ansiedades y personajes internos. En esta escuela se privilegian las metas que tienden a la integración de lo bueno, lo malo, la envidia y la agresión, y la reparación del daño a la persona amada. Como legado Klein nos dejó una mejor comprensión de la experiencia interna subjetiva que se va creando desde los orígenes del desarrollo.

RELACIONES OBJETALES

René Spitz, un gran estudioso de las respuestas emocionales de los bebés en guarderías y en hospicios, encontró que si se privaba a los niños durante el primer año de todas las relaciones de objeto[2] por periodos que duraran más de cinco meses, se evidenciaba un empeoramiento en su desarrollo general de tipo irreversible: primero se presentaba un retroceso en el aprendizaje motriz; luego, un congelamiento en la mirada, en la sonrisa, en su respuesta afectiva, llanto constante, indiferencia y rechazo a la cercanía de otros. Al cabo de cuatro años de observación, estos niños que solamente podían ser cuidados por una enfermera que a su vez atendía a doce niños más, tenían un nivel de desarrollo equivalente al de un deficiente mental. Además de este retraso, encontró que eran niños más enfermizos y los índices de mortalidad eran sustancialmente mayores a su grupo de comparación: una casa cuna en donde las madres se encargaban de los cuidados del bebé.

Algunos psicoanalistas, influidos por estos estudios y las aportaciones de Klein, sumaron sus conceptos a los de la díada *madre-hijo*. Lo importante ya no era el ser humano como individuo ni el predominio del mundo interno, ahora se trataba del ser humano como un ser de relaciones objetales. Además, se confirmaba que no todos los pacientes embonaban en el marco analítico «clásico», que buscaba el material inconsciente responsable del sufrimiento del paciente; por ejemplo, muchos de los conflictos de pacientes más enfermos se arraigaban en un nivel preverbal, correspondiente a un momento de la relación con la madre de vital importancia; por eso las interpretaciones verbales con las que se solía trabajar no eran suficientes para sanar las heridas más profundas de éstos.

Entonces, crear y mantener una relación viable se volvió más importante que dar interpretaciones correctas —una relación objetal es siempre una interacción entre al menos dos personas y básicamente se establece y se mantiene por medios no verbales—. Es difícil describir con palabras concisas lo que se crea en esta interacción, pero la atmósfera y el clima están allí presentes para formar una relación, un contacto humano que genere sentimientos y experiencias particulares sin necesidad de expresarlo en palabras.

En resumen, esta escuela privilegia que el analista pueda crear con el paciente una relación en la que éste se sienta contenido, comprendido y descifrado, aun en sus partes más confusas e inconscientes, descubriendo la posibilidad de nuevas formas para vincularse. Las relaciones se logran reactivar con el analista cuando, debido a un desencuentro con éste, reeditan en el paciente el dolor de sus frustraciones infantiles. Una parte necesaria del tratamiento consiste en comprender la frustración y crear las condiciones para que aquella experiencia dolorosa cicatrice. Se pretende que el paciente tenga la oportunidad de encontrar modelos diferentes por medio de la relación con su analista.

ESCUELA LACANIANA

Esta escuela es la que más se diferencia de las otras psicoanalíticas. Usa un lenguaje muy particular para referirse a sus teorías y su técnica está dirigida a anunciar la emergencia del inconsciente mediante los tropiezos del lenguaje.

Jacques Lacan entendió la mente humana gracias a la teoría estructuralista del lenguaje de Ferdinand de Saussure, quien rompió con la tradición lingüística histórica de su época y estudió la lengua como un sistema o código. Lacan afirmó: «El inconsciente está estructurado como un lenguaje», es un código lógico y abstracto, por lo tanto, cuando hablamos creemos que nosotros somos los que hablamos, cuando en realidad es la estructura del lenguaje la que nos determina.

Acerca del concepto de la represión, Lacan observó que ciertos fragmentos de discurso fueron suprimidos, como cuando a un rompecabezas le faltan algunas piezas. El inconsciente reprimido es el conjunto de fragmentos del discurso a los que les fue vedada la experiencia. Influido por Freud, quien había creado un dispositivo basado en el libre fluir de las ideas para que el inconsciente emergiera de una manera involuntaria y hablara lo reprimido, Lacan favoreció el discurso del paciente para hacer aflorar el inconsciente bajo su presencia, y entonces mostrar el fragmento de verdad recién asomada para poder dar por terminada la sesión. Como producto de este trabajo aumentó el conocimiento del inconsciente, es decir, terminó de poner algunas piezas que le faltaban al rompecabezas.

LA PERSONALIDAD DEL PACIENTE

Como analistas, nosotros nos vemos influidos por la personalidad de nuestros pacientes y reaccionamos a ello; en el mejor de los casos es claro saber con qué tipo de pacientes podemos trabajar y con cuáles no. Las características del paciente no nos son indiferentes y esto se refleja en la consolidación de la relación y del trabajo analítico. Habrá pacientes más perturbados que otros, quienes mantengan perversiones escandalosas como centro de su malestar o núcleos psicóticos con los que unos puedan trabajar, mientras que otros no. Por ejemplo, Freud decía que los pacientes narcisistas eran inanalizables y ahora, desde perspectivas y técnicas diferentes, sabemos que no lo son, que sí se pueden analizar.

Pueden existir también circunstancias particulares en la vida del paciente y del psicoanalista que no hacen posible la relación con ese analista. En pocas palabras, no todos los psicoanalistas podemos atender a todos los pacientes, ni de la misma forma.

LA PERSONALIDAD DEL ANALISTA

Como seres humanos que somos, también nuestra persona tiene un impacto muy particular en cada uno de nuestros pacientes. Comúnmente lo describimos como «hacer química» con la gente; al menos al principio esta «química» es importante para obtener la cooperación del paciente, pero también para que pueda sentirse en confianza, aceptado, entendido y respetado.

Percibir al otro —sea paciente o analista— está relacionado con la comunicación no verbal, generalmente sutil, pero siempre de alguna manera percibida por ambas partes. Tanto el contenido de nuestras interpretaciones, en las que muchas veces pueden asomar nuestras preferencias —políticas o religiosas, o nuestra opinión acerca del aborto o la homosexualidad—, nuestros gestos y movimientos, de mirar, de escuchar, forma de hablar, tono de voz, nuestros valores, transmiten la posibilidad para comprender, conmovernos, para respetar, pero principalmente para aceptar al paciente. Se trata de mensajes transmitidos de manera inconsciente que nada tienen que ver con la orientación de cada analista, sino con la individualidad de cada uno, y para cada paciente esta individualidad repercute con un valor diferente.

DE DIFERENCIAS Y SEMEJANZAS

Los analistas podemos tener las mismas cualidades, talentos, habilidades o defectos tanto si somos de una o de otra escuela. Lo que nos hace diferentes es nuestra concepción del mundo y del ser humano —aquí se incluyen las ideas del enfermar y, por lo tanto, del curar—, pero también nos distingue, de manera especial, el peso de nuestra propia historia, nuestras propias experiencias con la vida, la locura, la muerte, el dolor, la soledad, los encuentros y desencuentros, el odio... Eso, a final de cuentas, es «la escuela» que más influye en nuestro devenir como personas y, finalmente, como analistas porque están en el centro de nuestra vida emocional.

Cualquiera que sea la escuela psicoanalítica, todas se parecen en que requieren de un trabajo largo, continuo, estable con el dolor, con la parte más profunda, sensible y vulnerable del hombre.

Llegar a ella, cuando por años ha estado defendida y escondida, requiere de tiempo y confianza.

NO TODOS SOMOS IGUALES

No todos los psicoanalistas somos iguales ni trabajamos igual. Ya vimos que existen diferentes escuelas o versiones del psicoanálisis que apuntan a diversos aspectos de la vida psíquica de los pacientes. Estos enfoques parciales, más que beneficiar a algún tipo de paciente, apoyan al analista dándole una comprensión más global para entender algunos fenómenos relacionados con el sufrimiento, el desarrollo, la normalidad y la patología.

Si bien un psicoanalista con una formación sólida conoce las diferentes escuelas psicoanalíticas para usarlas como herramientas, cada una implica una versión diferente acerca del ser humano, su dolor y sus necesidades y por eso le resulta inevitable no identificarse con alguna. Al incorporar las teorías en su versión de la vida, del hombre y del mundo —para actuar desde el consultorio de manera congruente—, incluye su historia personal, familiar, cultural, y sobre todo, su propia vida emocional. Por eso, lo que más ayuda a los pacientes es la capacidad de su analista para comprometerse con él mismo, con su parte más profunda, de manera que llegue a la necesidad de su paciente en un trabajo de contacto humano.

Por último, los tratamientos psicoanalíticos no pueden ser estandarizados, debemos confeccionarlos a la medida, y reconocer que cada encuentro es «el» encuentro singular, como lo es cada paciente. ✑

NOTAS

1 *Introyección* es el proceso psicológico por el que se hacen propios rasgos, conductas o fragmentos del mundo que nos rodea, especialmente de la personalidad de otras personas.

2 Relación que se establece con una persona de acuerdo con el modo en que un sujeto se relaciona con su mundo, como resultado de una determinada organización de la personalidad; de una aprehensión, más o menos, fantaseada de los objetos y de los mecanismos defensivos predominantes.

BIBLIOGRAFÍA

Michael Balint, *La falta básica*, Barcelona: Paidós, 1982.

Sandor Ferenczi, *La confusión de lenguas entre adultos y niños* [1932], *Obras Completas*, tomo IV, Madrid: Espasa-Calpe, 1984.

Sigmund Freud, *Historiales clínicos* [1895], *Obras Completas*, tomo I, Madrid: Biblioteca Nueva, 1992.

____, *El Yo y el Ello* [1923], *Obras Completas*, tomo III, Madrid: Biblioteca Nueva, 1999.

J. Laplanche, y J. B. Pontalis, *Diccionario de psicoanálisis*, Barcelona: Labor, 1983.

Juan David Nasio, *Cinco lecciones sobre la teoría de Lacan*, Buenos Aires: Gedisa, 1992.

Carlos Nemirovsky, «Encuadre, salud e interpretación. Reflexiones alrededor de conceptos de W. Winnicott», Psicoanálisis *APdeBA*, vol. XXVI, núm. 1-2004, 2004.

René Spitz, *El primer año de vida del niño*, México: Fondo de Cultura Económica, 1969.

ACERCA DE LA AUTORA

María Luisa Saldaña Obregón es psicoanalista de la Asociación Psicoanalítica Mexicana —APM—; Especialista en Psicoterapia Psicoanalítica de Niños y Adolescentes de la misma asociación; obtuvo su licenciatura y maestría en Psicología en la Universidad Iberoamericana. Su correo electrónico es: *santacilialuisa@gmail.com*

—Como no conozco su problema, quizá sería importante
que usted comience por el principio.
—Por supuesto, en el principio yo creé los cielos y la Tierra...

MITO 11

Todo paciente debe tomar terapia en un diván

Norma Sicilia de Noriega

La imagen de un paciente recostado en un diván y el terapeuta colocado fuera de su campo visual inmediatamente se
asocia al psicoanálisis. Esta imagen despierta toda suerte de ideas
y emociones, e incluso, suele manejarse con sarcasmo. ¿Quién
no conoce la caricatura del psicoanalista dormido, gesticulando
o leyendo el periódico? El hecho de que el psicoanálisis se lleve
a cabo en un diván provoca inquietudes que van desde la curiosidad y el interés, hasta el temor y la incredulidad.

USO EXCLUSIVO DEL DIVÁN

Nuestro punto de partida en este capítulo será la idea de que de todas las psicoterapias sólo el psicoanálisis se efectúa en un diván. Sin embargo, es importante comprender que no todo proceso terapéutico que se efectúe en un diván es necesariamente psicoanálisis.

Plantearemos algunas ideas que abran camino para pensar el psicoanálisis desde sus aspectos medulares y permitan cuestionar el porqué y para qué del diván. Entre los psicoanalistas no existe un consenso acerca del tema. Las opiniones oscilan desde considerar que el diván es inherente al psicoanálisis, hasta considerarlo un estorbo. Dentro de la investigación psicoanalítica no existe un estudio sistemático de este tema: los psicoanalistas lo dan por hecho, aluden a ello, intercambian experiencias personales, pero no lo estudian.[1]

¿CÓMO APARECE EL DIVÁN EN ESCENA?

¿Qué podría decir el padre del psicoanálisis al respecto? Lo primero que llama la atención es lo cauteloso y reservado que se mostró Sigmund Freud al hablar de la técnica en general y del diván en particular. En uno de sus trabajos menciona las limitaciones para establecer reglas en el tratamiento psicoanalítico y hace una analogía del psicoanálisis con el juego de ajedrez: sabemos acerca de las aperturas y los finales pero no de la infinita variedad de movidas que ocurren durante la partida.

El método psicoterapéutico de Freud surgió de la catarsis —liberación o descarga emocional— que utilizaba junto con Josef Breuer por medio de la hipnosis. Con este método Freud producía un estado alterado de la conciencia —como un sueño artificial— con el fin de que el paciente lograra hacer conscientes los contenidos inconscientes. La meta era eliminar los síntomas que aquejaban al paciente logrando que en ese estado hipnótico, retrocediera hasta el punto en que el síntoma en cuestión se había presentado por primera vez.

En ese momento de pleno descubrimiento del psicoanálisis, la complicación fue que, en casi todos los casos, el conjunto de circunstancias que originaron la enfermedad no correspondía a un síntoma dolorosamente abrumador en particular, sino que casi siempre se trataba de una serie de ellos. Por esta razón, Freud modificó el procedimiento catártico y abandonó la sugestión y la hipnosis.

Desde entonces empezó a tratar a los pacientes de la siguiente manera: los invitaba a tenderse cómodamente de espaldas sobre un sofá, mientras él, sustraído de su vista, tomaba asiento en una silla situada detrás. Tampoco les pedía que cerraran los ojos, evitaba todo contacto y cualquier otro procedimiento que pudiera recordar a la hipnosis; lo importante era que el paciente permaneciera alerta.

LA ASOCIACIÓN LIBRE SUSTITUYE A LA HIPNOSIS

Con el abandono de la hipnosis Freud logró que su procedimiento fuera aplicable a un número ilimitado de pacientes —hay personas que no son hipnotizables—; sin embargo, sin la hipnosis se perdía la posibilidad de recordar lo reprimido y revivirlo para liberar emociones. Al buscar un sustituto para esta carencia, Freud lo halló en las ocurrencias del paciente, que son pensamientos involuntarios que se le cruzan durante su relato; por ejemplo, cuando platicamos y se nos atraviesa otra idea por la cabeza que no tiene que ver con lo estamos diciendo, callamos y la omitimos; al momento siguiente, queremos decirla y la hemos olvidado; es el caso típico de: «¿Qué te iba a decir...? ¡Ay! Lo tengo en la punta de la lengua y ya no me acuerdo».

Freud exhortó a los pacientes a que se dejaran ir en sus comunicaciones como harían en una conversación sin restricciones: el paciente debía decir todo lo que le pasaba por la cabeza aunque le pareciera que no era importante, que no venía al caso o que era disparatado, y se le pedía que no excluyera de la comunicación, pensamiento u ocurrencia alguna por más que lo avergonzara o le resultara penoso.

Bajo estas premisas Freud observó que en el relato salían a relucir lagunas en el recuerdo del enfermo de diferentes maneras:

જી **Olvido de hechos reales:** «No me acuerdo con quién iba en esa ocasión».

જી **Confusión de las relaciones de tiempo:** «No me acuerdo si eso ocurrió la primera vez que salimos o después».

જી **Desarticulación de las relaciones causa-efecto:** «No sé por qué dije eso».

Las ocurrencias del paciente alrededor de las lagunas son apartadas del relato y cuando surge el recuerdo, se vive con franco malestar: dolor y llanto, vergüenza, etcétera. Esto sucede porque los olvidos son resultado de la «represión» que es el mecanismo protector de los recuerdos penosos e incómodos; las fuerzas psíquicas que originaron ese mecanismo ahora se manifiestan como «resistencia» a que se recuerde.

Si este procedimiento permite avanzar desde las ocurrencias hasta lo reprimido, se puede —sin recurrir a la hipnosis— volver consciente lo que antes era inconsciente. Todo este recuento tiene sentido gracias al arte de interpretación, cuyo objeto no sólo son las ocurrencias, sino también los sueños, los síntomas, los *lapsus*.

EL DIVÁN FACILITA LA ASOCIACIÓN LIBRE

Gracias a los antecedentes mencionados, Freud estableció la regla fundamental del psicoanálisis: la asociación libre, y para llevar a cabo este nuevo procedimiento continuó con la práctica de pedir al paciente que se recostara en el diván y que dijera todo lo que se le ocurriera sin crítica ni selección, mientras él se sentaba detrás de modo que no lo viera.[2]

El objetivo es posibilitar al paciente la asociación libre, y al analista, su paralelo: la llamada *atención libre y flotante* —no fijarse en nada en particular y prestar la misma «atención parejamente flotante» a todo lo que escucha—. La regla para el analista es alejar cualquier injerencia consciente acerca de su capacidad de fijarse y abandonarse por entero a sus memorias inconscientes. Expresado en términos puramente técnicos: el analista debe escuchar y no hacer caso de si se fija en algo. De esta manera, el diván surge como el escenario que facilita la asociación libre y la correspondiente *atención parejamente flotante*.

Pero, subrayemos: el diván facilita, no garantiza. Además, un aspecto medular del psicoanálisis consiste en que la mayoría de las veces el analista escucha cosas cuyo significado se comprenderá sólo con posterioridad.

LOS «TRAUMAS» Y EL DIVÁN

Una de las ideas que se asocia inmediatamente a la decisión de tomar psicoanálisis es la de «ir porque se tienen muchos traumas». Es común la creencia de que los traumas son los eventos aparatosos que ocurrieron en la infancia y se conciben como algo externo, algo que sucede fuera de uno mismo. En realidad ésa es sólo una parte, lo traumático tiene que ver con la vivencia y con aquello a lo que el evento quedó enlazado; es decir, que es algo interno. Tendemos a pensar que un accidente, los desastres naturales, la muerte o abandono de un ser querido, el maltrato, el abuso, la violencia física o psicológica, etcétera, son experiencias traumáticas en sí mismas.

El trabajo psicoanalítico consiste en descubrir cuál fue exactamente el efecto que esa o esas situaciones tuvieron para una persona. Veamos el siguiente ejemplo: una mujer de 35 años se volvió muy miedosa después del terremoto en México de 1985, nos parece lógico y decimos que «está traumada». La pregunta es: ¿por qué no todos los que vivieron ese sismo se volvieron miedosos? En este caso, el miedo se fue incrementando al grado que la mujer ya no podía salir a la calle sola: desarrolló una fobia.

Por medio del psicoanálisis recordó que cuando ocurrió el temblor evacuaron el edificio en el que vivía. Cuando ya estaban afuera, su marido corrió al edificio de al lado, en el que vivía su madre —es decir, su suegra— para salvarla. La paciente recuperó la vivencia de haber sentido mucho miedo de que su marido muriera y descubrió con angustia y remordimiento haber deseado que muriera su suegra, con quien tenía una relación conflictiva. Lo interesante fue que el miedo llegó a incapacitarla a raíz de que la suegra enfermó gravemente, meses después del temblor. Entonces, la situación traumática no fueron el temblor en sí mismo ni la enfermedad de la suegra, sino los sentimientos indeseables y de culpa que experimentó ante esos eventos y que quedaron reprimidos, porque nunca los sintió de manera consciente. El diván facilita que afloren esos deseos y sentimientos, pues nos encontramos ante lo sutil y lo complejo de lo traumático; es decir, debemos pensar lo traumático como algo tan personal, tan único y tan desconocido —tanto para el paciente como para el psicoanalista— que no es tan simple descifrarlo.

«QUÉ RARO ES ESTAR ACOSTADO A ESTAS HORAS»

La experiencia psicoanalítica es única y por ello resulta extraña. La primera vez que un paciente se recostó en el diván expresó: «Qué raro es esto... Es raro estar acostado a estas horas... Es como si estuviera acostado en mi oficina». La situación analítica es tan peculiar, que con frecuencia resulta angustiante. Técnicamente se denomina *experiencia regresiva* porque pretende que el paciente se ponga en contacto consigo mismo, con sus propios procesos y, sobre todo, con lo que ha sido reprimido y quedado inconsciente, es decir, con lo desconocido. Y lo desconocido siempre asusta, pero paradójicamente es la posibilidad de tomar contacto con los aspectos no hablados y no pensados de nuestro mundo interno.

Inevitablemente, la experiencia se torna compleja porque no es fácil soportar que eso que se ocultó se aproxime a la conciencia. Una paciente expresaba: «Es como que sale otra voz, es como si no fuera yo la que habla... Como si esto saliera desde lo más profundo de mí».

El paciente se pone en contacto consigo mismo, enfrenta sus cualidades y sus defectos, sus fortalezas y sus debilidades, sus anhelos y sus frustraciones; es decir, accede a trabajar con sus partes indeseables y temidas. El dolor es inevitable, pero sólo así se logra enfrentar lo desconocido, lo inconsciente.

LA PRIMERA IMPRESIÓN

Es común que los pacientes se opongan a la idea de recostarse en el diván con estas expresiones: «¿Cómo? ¿Y voy a hablar solo?», o «¿Y qué, le voy a hablar al techo?». Entonces piden seguir el tratamiento cara a cara porque no quieren estar privados de ver al médico. En este sentido Freud fue tajante: el analista deberá declinar ante esa solicitud; pero indicó que habría que preparar al paciente. En la medida que lo impulsamos a superar sus resistencias en la comunicación, educamos a su Yo para que venza su natural inclinación a evadirse y soporte el acercamiento de lo reprimido inconsciente.

Cada psicoanalista maneja la renuencia de sus pacientes a recostarse en el diván de acuerdo con sus conocimientos y su experiencia, pero también de acuerdo con su personalidad. La preparación para el diálogo analítico no aplica solamente para el paciente, también es para el psicoanalista.

Para interpretar las comunicaciones y ocurrencias del paciente no resulta indiferente la personalidad del analista: supone cierta fineza de oído para lo reprimido inconsciente que no todos poseen en igual medida. Esto, en especial, es lo que obliga al analista a someterse a un psicoanálisis profundo para poder recibir sin prejuicios las comunicaciones de sus pacientes.

Los psicoanalistas por lo general acuerdan en no presionar al paciente con el diván; consideran que lo necesario es entender y analizar su renuencia a hacerlo. Sin embargo, el analista no debe perder de vista que esta flexibilidad en las reglas puede ser en realidad una barrera protectora para él mismo. La labor analítica se enriquece con el diván y es una excelente vía para lograr un vínculo con el paciente, capaz de contener, metabolizar y utilizar constructivamente el material que surja en el proceso terapéutico.

DIVÁN SÍ, DIVÁN NO

En términos generales, los psicoanalistas coinciden en que el diván se usa en función de las características del paciente: no se usará diván con pacientes gravemente perturbados, pacientes débiles y con escasas capacidades intelectuales o emocionales. Freud expresó

un motivo personal para conservar la práctica del diván: no tolera-
ba la mirada fija de otro durante ocho horas o más cada día.

En la actualidad, los psicoanalistas que prescinden del diván, sostienen que cuentan con la capacidad de tolerancia necesaria y que,
por ello, no lo requieren. Sin embargo, no es exactamente la resistencia o fortaleza personal lo que está en juego, lo que debe eva-
luarse es el sistema intersubjetivo comnpleto. Es decir, se mide el
grado de concordancia entre lo que el paciente necesita y lo que
el analista es capaz de dar. Se trata de evaluar una serie de condiciones que se le imponen al analista para lograr un aspecto fundamental: la «escucha analítica».

LO IMPORTANTE ES ESCUCHAR

Recordemos que en el trabajo psicoanalítico el objetivo es acceder
a lo reprimido inconsciente, a lo desconocido por excelencia, a lo
no sabido. En la escucha analítica se asume que la angustia es inherente a la tarea y que cada quien la enfrenta con lo que tiene, con
lo que es; con la posibilidad de tolerar la incertidumbre y esperar,
tener paciencia para empezar a pensar.

Una de las enseñanzas más valiosas de un gran psicoanalista proviene de aquella ocasión en que dijo: «Para pensar hay que tener
tiempo, y para tener tiempo hay que dárselo». Es necesario darse
tiempo para la comprensión psicoanalítica, pues ésta es sólo *a
posteriori*.

Lo interesante es que en cada situación clínica es necesario que el
psicoanalista tenga claro qué postura tomar con o sin el uso del
diván. El estudio sistemático y el psicoanálisis personal le brinda
al analista un espacio introspectivo en la lucha por tener presente
dónde está colocado en su labor psicoanalítica.

En realidad, el proceso psicoanalítico no se define por la psicopatología del paciente, ni por el número de sesiones, como tampoco se define por el diván que es una herramienta de trabajo más. En psicoanálisis el acento está puesto en la escucha, no en el diván. ଔ

NOTAS

1 A falta de referentes bibliográficos, algunos autores, en un intento por conceptualizar sus experiencias con el diván, se apoyan en el intercambio informal con analistas experimentados.

2 Este uso del diván tuvo para Freud un sentido histórico —como herencia de la hipnosis— y un sentido práctico —aunque el paciente lo viviera como una privación y se opusiera a recostarse; de alguna manera se previene la contaminación de la transferencia, es decir, que el paciente se distraiga con la persona del analista.

BIBLIOGRAFÍA

Sigmund Freud, *El método psicoanalítico de Freud* [1903], *Obras Completas*, tomo VII, Buenos Aires: Amorrortu, 1988.

____, *Sobre la dinámica de la transferencia* [1912], *Obras Completas*, tomo XII, Buenos Aires: Amorrortu, 1988.

____, *Consejos al médico sobre el tratamiento psicoanalítico* [1912], *Obras Completas*, tomo XII, Buenos Aires: Amorrortu, 1988.

____, *Sobre la iniciación del tratamiento. Nuevos consejos sobre la técnica del psicoanálisis* [1913], *Obras Completas*, tomo XII, Buenos Aires: Amorrortu, 1988.

____, *¿Pueden los legos ejercer el análisis? Diálogos con un juez imparcial* [1926], *Obras Completas*, tomo XX, Buenos Aires: Amorrortu, 1988.

ACERCA DE LA AUTORA

Norma Sicilia de Noriega es psicoanalista por el Instituto de Psicoanálisis de la Asociación Psicoanalítica Mexicana —APM—, de donde también egresó como psicoterapeuta de niños y adolescentes, y se diplomó en Psiquiatría Dinámica para Psicólogos. Tiene el grado de maestría en Psicología clínica por la Universidad Nacional Autónoma de México y el grado de licenciatura en Psicología clínica por la Universidad Iberoamericana. Actualmente trabaja en consulta y docencia privada en la ciudad de México. Su correo electrónico es: *noriegas@prodigy.net.mx*

S. Neri

Superyó: *palabra con la que*
Clark Kent se refiere a sí mismo.

Jacko Zeller, *Diccionario de humor psicoanalítico*

MITO 12

Ello, Yo y Superyó igual a instinto, mediador y moral

Luz María Solloa García

De las ideas básicas que podemos tener acerca del psico-análisis no falta la tríada Ello-Yo-Superyó, que se suele simplificar y traducir en una fórmula similar: instinto-mediador-moral. En este capítulo analizaremos si esta correspondencia es apropiada o no.

Comprender a qué se refieren exactamente las instancias Ello, Yo y Superyó es aproximarnos y profundizar en el funcionamiento y la organización del aparato psíquico —en gran medida el tema que ocupó a Sigmund Freud a lo largo de sus investigaciones—; por lo tanto, recorreremos algunos de sus trabajos para comprender las formulaciones y modificaciones que hizo de acuerdo con los hallazgos que la experiencia clínica le develaba.

REALIDADES INTERNAS Y DIFERENTES

Ya vimos que Freud parte de la premisa de que *psiquismo* no es igual a *procesos conscientes*. Los pensamientos conscientes son sólo una parte, una modalidad del funcionamiento psíquico; lo que realmente determina al ser humano son los procesos y contenidos inconscientes: el mundo interno. Este mundo no se corresponde a la realidad objetiva porque para el psicoanálisis la realidad es una realidad virtual e interna y por lo tanto, diferente para todos.

Como ya vimos, los sueños, los síntomas, los *lapsus*, los actos fallidos son el resultado de pensamientos y conflictos inconscientes; son expresiones de nuestra subjetividad, de nuestro mundo interno que se ha formado a partir de trazas y huellas que quedaron impresas desde tiempos inciertos —y conforman lo más íntimo, profundo y también lo más desconocido de alguien—. Estas vivencias seguramente tendrán un significado diferente para cada persona y es tarea del psicoanálisis develar los significados que estas formaciones del inconsciente muestran y ocultan al mismo tiempo.

¿CÓMO ES EL MUNDO INTERNO?

¿Cómo se construye esa subjetividad? Es la pregunta que intentaremos responder en este capítulo, y para esto revisaremos algunos contenidos del libro de Freud, *Proyecto de psicología* (1896). Esta obra ofrece una introducción al Yo, que es en sí mismo el aparato psíquico.

Ya mencionamos que lo subjetivo es lo que permite que el significado que damos a las experiencias y su impacto no sea igual para todos —y es lo que nos hace deliciosa y aterradoramente diferentes—; a pesar de esto, hay experiencias que sí son comunes a todos los seres humanos y son un eje sobre el que se va construyendo el psiquismo. La primera de estas experiencias es el desamparo. En *Proyecto de psicología*, Freud puntualizó que el desvalimiento inicial del ser humano es el origen de todos los motivos morales.

El ser humano es el ser que necesita durante más tiempo de los cuidados de otro para sobrevivir; esto es fundamental, porque nuestro psiquismo se constituye a partir del otro —de un semejante— que a su vez también atravesó por esa experiencia de desamparo, y que está en condiciones de auxiliar y proveer lo que el infante desvalido requiere. Es así como las primeras huellas que quedan grabadas en nuestro aparato psíquico están vinculadas primero con el dolor, con la angustia mortal del desamparo, y después con el registro de aquello placentero que calmó el dolor, que satisfizo la necesidad. Además de que permanece la huella de «algo otro» en la que no hay distinción entre lo propio y lo ajeno, entre el objeto y el cuerpo.

EL APARATO PSÍQUICO SE ORGANIZA

Esta experiencia originaria deja como remanente «estados de deseo»: el dolor y la satisfacción de la necesidad aparecen irremediablemente ligados a la presencia indispensable y a la ausencia terrorífica de «ese otro». De esta manera el aparato psíquico quedará organizado bajo un nuevo orden, atravesado por el deseo de ese otro.

A partir de esta experiencia: «la necesidad se convierte en deseo», y esto tiene consecuencias determinantes porque la necesidad se puede satisfacer, pero el deseo no. Somos desde entonces seres anudados a deseos siempre pujantes y nunca satisfechos.

EL DESEO DEL OTRO

Esta condición de «estar atravesado por el deseo del otro» consiste en la intrusión de ciertas significaciones del mundo adulto en el universo del niño, en especial de los deseos, las fantasías y la sexualidad de los padres. En esta etapa el aparato psíquico inmaduro está en una disposición receptiva frente a la seducción de los cuidados maternos, «humanizándose» y colocando a la sexualidad en el centro del conflicto psíquico. Todo lo que se construye para lidiar con este conflicto será el Yo, pues es su tarea lidiar con estas mociones de deseo.

Uno de los primeros hallazgos que hizo Freud fue que el aparato psíquico está organizado de manera tal que todos los procesos funcionan regidos por un principio de placer; sin embargo, resulta que todo el tiempo surge y resurge el deseo que provoca tensión y malestar. Ésta es la expresión de la fuerza pulsionante o Ello que en un principio partió de la necesidad, de lo endógeno, del cuerpo, y que ahora tiene referentes subjetivos: la comida ya no calma el hambre porque ahora se trata de «hambre» de otra cosa.

PARA EVITAR EL DOLOR

Cuando surge la fuerza pulsionante del Ello, lo más sencillo para nuestro aparato psíquico es alucinar aquello que se desea en un intento fallido por evitar el dolor, pero resulta que si nos quedamos en la alucinación, seguimos con «hambre» y nuevamente surge el dolor. Es en este punto en el que el aparato psíquico se vuelve hacia la realidad externa en busca de signos, para obtener aquello que siente «necesitar», y aliviar la tensión y el dolor. Para realizar este movimiento es necesario que en lugar de descargar de manera inmediata por medio de la alucinación o la motilidad, se realice un rodeo, es decir, que se posponga la descarga. En este espacio —que otorga la demora— surge el trabajo de pensar qué nos pone en contacto con la realidad y qué sienta las bases para distinguir la realidad interna o psíquica y la realidad externa.

Por eso se dice que el Yo es el aparato psíquico: sirve para pensar, para distinguir la realidad de la fantasía y para evitar el dolor. Cuando nos dormimos el Yo disminuye su actividad casi por completo y entonces soñamos.

CÓMO FUNCIONA LA REPRESIÓN

Se mencionó que una de las funciones primordiales del aparato psíquico —el Yo— es la de evitar el dolor y la angustia; en este sentido la represión es el esfuerzo por desalojar de la conciencia cualquier representación penosa —Freud las llamó al inicio de sus escritos *representaciones inconciliables*—; sin embargo, desalojar la angustia de la conciencia no implica que desaparezca, pues esa representación dolorosa permanece de manera inconsciente y sigue produciendo efectos que pueden manifestarse como síntomas.

La represión, además de ser una defensa frente al dolor y la angustia, instaura una separación entre lo consciente y lo inconsciente. Debido a este mecanismo no recordamos los primeros años de nuestra infancia.

Una de las maneras de operar de la represión es la mudanza del afecto, de tal forma que lo que en un momento puede ser una moción erótico-amorosa se transforma en dolor psíquico o corporal.

EL CASO DE ELISABETH

Para poder visualizar y aplicar en un ejemplo la organización y el funcionamiento del aparato psíquico, revisemos uno de los primeros casos reportados por Freud.

Se trataba de una joven llamada Elisabeth, que cuando llegó a la consulta contaba con 24 años y hacía dos que padecía intensos dolores y una debilidad en las piernas que le dificultaban caminar. Esta muchacha era la menor de tres hermanas, se había encargado de cuidar a su padre durante una prolongada enfermedad por insuficiencia cardiaca.

Dentro de los cuidados diarios que Elizabeth prodigaba a su padre estaba el de cambiar los vendajes de sus piernas; para ello, Elisabeth colocaba la pierna del convaleciente sobre las suyas. Durante esos meses, Elisabeth se enamoró por primera vez, pero una vez que salió a dar un paseo con su amado, encontró a su regreso al padre muy grave: fue cuando comenzó a sentir dolor en las piernas de manera intermitente.

En otra ocasión que Elisabeth se disponía a tomar unas semanas de descanso, le avisaron que una de sus hermanas —quien estaba embarazada— se había puesto enferma. Presurosa, acudió a cuidarla. Durante esa temporada la convivencia cotidiana con su cuñado —el preferido— se hizo más cercana e íntima.

El dolor en las piernas volvió a presentarse de manera intensa, poco después de que Elisabeth diera un largo paseo acompañada del esposo de su hermana, justo cuando pensó que le gustaría encontrar a un hombre con esas mismas características. Desafortunadamente, la hermana falleció y después de este evento, el dolor de las piernas de la chica se agravó.

Freud explicó los síntomas de su paciente desde su teoría de la represión y de la representación inconciliable; por medio del análisis se develó el secreto —que la misma Elisabeth desconocía de manera consciente—: se había enamorado de su cuñado y cuando su hermana murió, tuvo la idea de que ahora que estaba libre podría casarse con ella. Se trataba de un caso de representación inconciliable donde el empeño amoroso —inaceptable para la moral de la paciente— había trasmutado por un dolor corporal.

Lo mismo le sucedió con su padre: al tener que cuidar de él no pudo realizar su primer amor. Pero, ¿por qué este conflicto se traduce precisamente en el dolor de las extremidades inferiores y en una dificultad para caminar? Freud explicó que los síntomas están multideterminados y tienen un significado simbólico y particular; en el caso de Elisabeth, el dolor en las piernas apareció, en un primer momento, asociado al cambio de vendajes en las dolientes piernas del padre, y después, al autorreproche que sufrió tras momentos muy placenteros: primero, el paseo con aquel primer amor; después, la caminata con el cuñado. Ambos recuerdos quedaron ligados también a mociones —inclinaciones— de deseos hostiles: para realizar el amor es necesario que muera el padre o la hermana. De alguna manera, el dolor en las piernas y la dificultad para caminar se traducían en una forma de autocastigo: «Ahora ya no podrás dar ningún paso —paseo— en tu vida».

El síntoma de Elisabeth —dolor y debilidad en las piernas— se traduce como una forma de compromiso[1] que expresa un conflicto inconsciente, por un lado, el deseo del Ello: realizar sus inclinaciones amorosas, que aparecen simbolizadas en las piernas, por asociación a recuerdos y fantasías placenteras de los paseos con su primer novio y su cuñado; por otro lado, el deseo del Superyó: recibir castigo por tener mociones hostiles hacia el padre y la hermana. Ambas mociones, tanto las eróticas como las hostiles, permanecían reprimidas y gracias a su desciframiento, Freud pudo develar el secreto que guardaba el síntoma.

Para comprender estas ideas debemos entender que la libido es energía, magnitud cuantitativa de las pulsiones sexuales o mociones eróticas relacionadas con las diversas manifestaciones de lo que llamamos *amor*, pero que, en su origen, son sexuales.

Por definición, la libido es energía que se deposita en objetos —personas— y los inviste de tal manera que adquieren un significado singular —como la figura del cuñado para Elisabeth—. El síntoma de ella está determinado en parte por una identificación con el padre, en quien había depositado —sin darse cuenta— mociones eróticas de tipo edípicas;² en su lugar ahora Elisabeth sufre un padecimiento, como él.

Al transformar sus deseos eróticos en dolor corporal efectúa una represión: ya no sabe de su deseo sino sólo de su padecimiento; y en ello emplea la libido que no ha podido descargarse de otra manera.

LÓGICA DEL PSIQUISMO: ELLO, YO Y SUPERYÓ

Acerca del funcionamiento del psiquismo, podemos puntualizar que el Ello es todo lo inconsciente: los contenidos reprimidos y las mociones pulsionales que ponen en marcha el aparato psíquico; y podemos saber del Ello solamente por sus manifestaciones indirectas, es decir, por medio de los síntomas, los *lapsus* y los sueños.

Por su parte, el Yo es el sector organizado del Ello; es la organización que surge para tramitar, para dominar las irrupciones pulsionales y paradójicamente, para lograr su empeño utiliza la misma energía del Ello y los influjos de la realidad. El Yo es también una

metáfora o una proyección de la superficie corporal, que nos permite tener una representación integrada del cuerpo. Asimismo, el
Yo es un objeto interno investido que puede a la vez manifestarse como sujeto que quiere y desea, o bien, que siente angustia o
culpa. Del Yo depende la conciencia, la percepción, la atención y la
motilidad[3] como vía de descarga. Del Yo surge el proceso de la represión para desalojar de la conciencia ciertos contenidos o deseos.
El Yo es pensar, rememorar, fantasear; es lidiar con el conflicto y
con la angustia. Por todo lo anterior, se entiende que el Yo también
tiene una parte inconsciente.

Ahora bien, a partir de la comprensión de las representaciones inconciliables y los autorreproches podremos seguirle la pista al Superyó. Ya vimos que debido al desamparo inicial del ser humano se
necesita irremediablemente del otro para sobrevivir y que al inicio
de la vida no distinguimos entre lo que es propio y lo que es ajeno,
por lo que la primera forma de relación con el objeto es una identificación con él.

Esta primera identificación es determinante porque deja huellas relacionadas con la herencia más antigua del ser humano; es también
la manera en la que se «transmite» la cultura. Esta identificación
originaria modifica al Yo de manera permanente formando el «Ideal
del Yo»; más tarde, Freud dirá que este ideal es parte del Superyó.
La noción de Ideal del Yo y de Superyó nos guiarán en la comprensión del conflicto psíquico o de las «ideas inconciliables».

A partir de esta modificación en el Yo —o Superyó— se tendrá que
lidiar con dos tipos de deseos: los provenientes del Ello y los del Superyó. Pero el Superyó se desdobla en el Ideal del Yo: «Así debes ser»
y en el Superyó: «No hagas esto, mereces castigo»; en ambos casos es
indudable la referencia a las formas sociales y culturales y en especial, al influjo de los deseos y conflictos de los padres.

El Ideal del Yo nos acosa con expectativas e ideales, mientras que el Superyó implica restricciones que de no cumplirse nos harán sentir culpa —de acuerdo a la culpa por el tipo de conflicto o por el grado de prohibición, podemos alcanzar la neurosis.

El conflicto psíquico se ha instalado: en el caso de Elisabeth, el deseo de realizar su amor con su primer novio o con el cuñado —deseo del Ello— contravenía de manera irresoluble un ideal —deseo del Superyó— que le dictaba seguir siendo una hija y una hermana solícita y abnegada. En estas circunstancias ¿cómo podía Elisabeth hacer consciente su amor por el cuñado? ¿Cómo habría de lidiar con los sentimientos ambivalentes hacia el padre y la hermana?

Aproximarse conscientemente a algún pensamiento cercano a estas mociones, tanto las amorosas como las hostiles, le habría generado una angustia intolerable —en el Yo—; el recurso fue entonces desalojar esto de la conciencia —del Yo— reprimiendo esos deseos.

El Superyó actúa por medio de la conciencia moral; es decir, mediante los juicios que hacemos de nosotros mismos, y cuida de que se cumpla el Ideal del Yo. Así, cuando el Ideal del Yo coincide con el Yo aumenta la valoración de uno mismo, incluso puede haber una sensación de triunfo; en cambio, cuando no hay coincidencia surgen los autorreproches y sentimientos de culpa que con frecuencia pueden permanecer inconscientes y hacernos actuar desde ahí.

RESOLVIENDO LOS TRES MITOS

¿El Ello es sinónimo de *instinto*? No, para comenzar sería incorrecto hablar de instintos, ya que al hablar de ellos se estaría haciendo una referencia a lo biológico descuidando la cualidad subjetiva del psiquismo humano. Es recomendable hablar de *pulsiones* como esa tendencia o fuerza de trabajo que implica una referencia a lo subjetivo, a lo psíquico. Además, es importante no perder de vista que el Ello no es sólo la sede de las mociones pulsionales, sino también de todo lo reprimido y lo heredado.

¿El Superyó es sinónimo de *moral*? El Superyó es el representante de los más altos valores de la humanidad y una de sus funciones es la de medir la desviación del Yo en relación con el Ideal; para esto utiliza el termómetro de la conciencia moral y vigila que se cumplan los mandatos del Ideal. Colabora con el Yo en el proceso de desalojar de la conciencia aquello que genera conflicto. Con esta operación, el Yo se cuida de no perder la estima propia. Sin embargo, el sector más amplio del Superyó es inconsciente.

¿El Yo es sinónimo de *mediador*? El Yo no es sólo mediador; es en sí el funcionamiento del aparato psíquico: el Ello sería la parte del Yo no organizada, y el Superyó sería también un aspecto del Yo que ha sido modificado por las identificaciones. ¿Cómo se relacionan las «instancias» entre sí? Las mociones pulsionales que habitan el Ello tienden a realizarse sin considerar los impedimentos que la realidad presenta; para hacer frente a este «desgobierno» se desarrolla una serie de funciones que son el Yo. Estas funciones están encaminadas a evaluar la realidad y alcanzar los fines perseguidos.

El Yo tiene que lidiar en dos frentes: en uno será intermediario entre el Ello y el mundo exterior, y en otro cuidará su narcisismo sometiéndose a los dictados del Ideal. La tarea de reconciliar las exigencias del Ello, del Superyó y de la realidad objetiva es la que genera el conflicto psíquico, a la vez que ocupa al Yo.

A lo largo de este capítulo hemos revisado cómo el Ello, el Yo y el Superyó, lejos de ser entidades delimitadas y separadas, son aspectos del funcionamiento psíquico que suceden de manera simultánea. Esta explicación sobre el psiquismo del ser humano involucra además reflexiones ontológicas y epistemológicas: nos da luz acerca del significado del ser, acerca de aquello que nos hace humanos y acerca de la manera en que conocemos y nos relacionamos con el mundo. ❧

NOTAS

1 Por medio del síntoma, el Yo permite la expresión del Ello y del Superyó.
2 Para el psicoanálisis casi toda relación afectiva íntima y prolongada conlleva además sentimientos de desautorización relacionados con el componente incestuoso y también un montante de hostilidad. Es en virtud de la represión que no sabemos ni de los unos ni de los otros.
3 Capacidad para realizar movimientos complejos y coordinados.

BIBLIOGRAFÍA

Sigmund Freud, *Estudios sobre la histeria* [1895], *Obras Completas*, tomo II, Buenos Aires: Amorrortu, 1978.

____, *Introducción al narcisismo* [1914], *Obras Completas*, tomo XIV, Buenos Aires: Amorrortu, 1980.

____, *El Yo y el Ello* [1923], *Obras Completas*, tomo XIX, Buenos Aires: Amorrortu, 1978.

____, *Esquema del psicoanálisis* [1938], *Obras Completas*, tomo XXIII, Buenos Aires: Amorrortu, 1978.

____, *Proyecto de psicología* [1895], *Obras Completas*, tomo I, Buenos Aires: Amorrortu, 1985.

ACERCA DE LA AUTORA

Luz María Solloa García es licenciada en Psicología por la Universidad Iberoamericana, obtuvo la maestría en Psicología del desarrollo y trastornos del ajuste escolar por la Universidad Anáhuac, y el doctorado en Investigación psicoanalítica por el Instituto de Investigación en Psicología Clínica y Social. Es psicoanalista de la Asociación Psicoanalítica Mexicana —APM— y actualmente es docente de posgrado en la Universidad Nacional Autónoma de México; tiene su práctica como analista de adolescentes y adultos en la ciudad de México.

Es autora de *Los trastornos psicológicos en el niño* y coautora de *The Psychology of Death in Fantasy and History*. Su correo electrónico es: *lucysolloa@hotmail.com*

—*Doctor, tuve una pesadilla...*
¡Se cumplían todos mis sueños!

Maitena en *Superadas*

MITO 13

Con un manual puedo interpretar mis sueños

Julio Ortega Bobadilla

En los aparadores y anaqueles de las librerías y en los pasillos de libros de las tiendas departamentales no falta nunca un libro que se anuncie como *El diccionario definitivo de los sueños* o algo semejante. Si se da un vistazo a las páginas de uno de esos manuales, uno puede encontrar que soñar una serpiente significa:

ञ Mal augurio. El sueño anuncia peligros causados por sus ene-
migos, engaño y desdicha en general. Si la mata, superará
todos los obstáculos.

ञ La serpiente se interpreta por un enemigo, un gobierno, un
tesoro, una mujer y un hijo. Es además un enemigo adinerado,
porque el veneno en el sueño se traduce por dinero.

ञ Introducir una serpiente en su casa se interpreta como un enemigo que le tiende una trampa. Matarla es un triunfo sobre
un enemigo; ver la sangre de la serpiente sobre las manos es la
muerte del enemigo.

Este tipo de interpretaciones no pueden ser sino erradas, ingenuas
y hasta cómicas. En primer lugar, porque el sueño en general nece-
sitaría ser traducido para ser mínimamente comprendido: pensar
que la serpiente representa un enemigo o un mal augurio no es para
nada una traducción sino una transcripción directa, y no la más
afortunada: dondequiera que una persona —dormida o en vigilia—
encuentre a una serpiente será un signo inquietante e infortunado:
¿quién desea encararse con un animal depredador con características amenazantes? En segundo lugar, porque esta interpretación
no puede ser generalizada: un encantador de serpientes, un adolescente coleccionista de bichos raros, un biólogo o un zoólogo
especializado en ofidios tendrán una significación y una valoración
distinta de lo que una serpiente representa. En tercer lugar, porque
sabemos que las serpientes pueden derivar en otro tipo de asociaciones según cada cultura: referencias babilonias como la famosa
Lilith mujer serpiente, judeocristianas como el sedicioso reptil que
hizo pecar a Eva, y otras que develan perfiles tentadores, como la
sexy artista de circo Lunga: la mujer serpiente —quien basa su acto
en su flexibilidad sin igual—, o la sicalíptica[1] Faith Domergue, pro-
tagonista de la película *Cult of the Cobra* (1955). Estos ejemplos sir-
ven para comprender que no se puede aplicar el mismo criterio a
todos los seres humanos y atribuirles la misma manera de pensar.

RUMBO AL INCONSCIENTE

Según Freud, los sueños constituyen la vía regia al inconsciente; sus contenidos no pueden ser dirigidos o regulados y en ellos se revelan las fantasías y los ensueños «más locos», nuestros deseos más profundos o la resolución de problemas que en la vida cotidiana parecían indescifrables. Su presencia nos recuerda nuestro escaso dominio de aquello que algunos llaman el *alma*, otros la *psique* y muchos más el *Yo*.

«Hay en todo hombre, aun en aquellos de nosotros que parecemos mesurados, una especie de deseo temible, salvaje y contra ley, y [...] ello se hace evidente en los sueños», señala Platón en una descripción e interpretación del sentido de los sueños en *La República*. Para este filósofo los sueños son el escenario mágico en el que los deseos se expresan sin freno y sugiere como de fundamental importancia la investigación sobre los deseos en el hombre a fin de comprender la naturaleza de su alma.[2]

El hecho de que recordemos tan poco de nuestros sueños, una fracción solamente, también puede dar argumentos en contra de la función del sueño: si éstos son tan importantes, ¿por qué no recordamos más? Si partimos del hecho de que son realizaciones de deseos —como Platón lo afirma y el psicoanálisis lo confirma— que «se olvidan» porque son tan peligrosos que se reprimen, y en su lugar queda un recuerdo parcial o fragmentos que se presentan desfigurados para hacer difícil su traducción, entonces no los recordamos para defendernos de deseos que, revelados al desnudo, serían perturbadores para nuestra vida normal y consciente.

Después de Freud ya no podemos ser tan ingenuos y pensar que si no recordamos algo es porque no tiene importancia. El olvido, la amnesia y la pérdida de memoria en los sujetos normales tienen la función de deshacernos de aquello incómodo que nos podría perturbar si estuviera presente y sin censura.

MÉTODOS «POPULARES» DE INTERPRETACIÓN

Detrás de las imágenes fantásticas y exuberantes, los sueños angustiosos y los eróticos, se velan nuestras pasiones, una psicología individual que corresponde a nuestra historia personal. Entonces, si queda establecido que el sueño tiene más de una función —una realización de deseos, una regresión al infantilismo de nuestros primeros años, el de guardián del dormir—, cabe preguntarse una vez que se ha podido recordar un sueño... ¿Cómo interpretarlo?

1. La interpretación simbólica. El saber popular siempre ha intentado traducir e interpretar los sueños y ha utilizado métodos diversos. Un primer método toma el contenido de cada sueño en su totalidad y procura sustituirlo por otro contenido, comprensible y análogo en ciertos aspectos. Es ésta la interpretación simbólica con la que se manejan la mayoría de los «diccionarios de sueños», que lógicamente tiende a naufragar en aquellos sueños que además de incomprensibles se muestran embrollados y confusos. Un ejemplo de este procedimiento lo encontramos en la historia bíblica con la interpretación de José:

> Aconteció que pasados dos años tuvo Faraón un sueño: le parecía que estaba junto al río, y que del río subían siete vacas, hermosas a la vista, y muy gordas, y pacían en el prado. Y que tras ellas subían del río otras siete vacas de feo aspecto y enjutas de carne, se pararon cerca de las vacas hermosas a la orilla del río y se las devoraron.

> Entonces Faraón envió y llamó a José, y éste le respondió: «Lo que Dios va a hacer lo ha mostrado a Faraón. He aquí vienen siete años

de gran abundancia en toda la tierra de Egipto. Y tras ellos seguirán siete años de hambre; y toda la abundancia será olvidada en la tierra de Egipto, y el hambre consumirá la tierra».

De igual forma, la mayoría de los sueños artificiales creados por los poetas están destinados a una interpretación determinada porque reproducen el pensamiento concebido por el autor bajo un disfraz; lo onírico y lo correspondiente a los modos de los sueños nos resultan conocidos por experiencia personal. Sin embargo, la interpretación simbólica depende, fundamentalmente, del ingenio y de la inmediata intuición del interpretador.

2. El método descifrador. En cambio, el segundo de los métodos populares se mantiene muy lejos de semejantes aspiraciones. Lo podemos calificar de «método descifrador» porque considera el sueño como una especie de escritura secreta, en la que cada signo puede ser remplazado por una clave prefijada. Si por ejemplo hemos soñado con una carta y con un entierro, y consultamos una de las popularísimas «claves de los sueños» —que incluso se pueden encontrar en Internet—, hallaremos que debemos sustituir *carta* por «disgusto» y *entierro* por «matrimonio».

A nuestro arbitrio queda después construir un todo coherente con las significaciones halladas, que podría también adjudicarse no sólo al presente sino también al futuro.

3. Variante del descifrador. En el libro *La interpretación de los sueños,* de Artemidoro de Daldis —quien vivió en el siglo II—, hallamos una curiosa variante de este «método descifrador» que corrige en cierto modo su carácter de mera traducción mecánica. Tal variante atiende no sólo al contenido del sueño, sino a la personalidad y circunstancias del sujeto, de manera que el mismo elemento del sueño tendrá para el rico, el casado o el orador diferente significación que para el pobre, el soltero o el comerciante. Lo esencial de este procedimiento es que la labor de interpretación no recae sobre la totalidad del sueño, sino separadamente sobre cada uno de los componentes de su contenido, como si el sueño fuese un conglomerado en el que cada fragmento exigiera una especial determinación. Este autor fue reconocido por el creador del psicoanálisis como un antecedente directo de su método de develación de los sueños.

UNA SOLA DIRECCIÓN LLEVA AL EQUÍVOCO

El error de los «diccionarios de sueños» es que pretenden establecer una correspondencia unívoca entre las imágenes del sueño y una significación precisa, como si la estructura del pensamiento y la dinámica mental humana trabajaran sobre un esquema rígido de correspondencias que no dan lugar al malentendido o al deslizamiento de significados de una imagen o palabra, como si todos los seres humanos fuéramos iguales y no existieran diferencias que marcan singularidades en su vida y forma mental.

¿CÓMO SE LE REVELÓ EL SECRETO DE LOS SUEÑOS A FREUD?

En una carta fechada en junio de 1900 que envía a su amigo Wilhelm Fliess —otorrinolaringólogo alemán—, Freud imagina, a propósito de una estadía en un balneario situado en Bellevue,[3] una placa de mármol con la siguiente inscripción: «Aquí, el 24-7-1895 se le reveló al doctor Sigmund Freud el enigma de los sueños». O bien, en la traducción que hace Erik Erikson de la famosa inscripción: «En esta casa, el 24-7-1895, el misterio del sueño se reveló a sí mismo ante el doctor Freud».

La diferencia en las dos traducciones no es sólo de estilo sino de contenido; la segunda no implica una intención y una búsqueda dirigida y consciente del investigador, sino su aceptación de que las conclusiones y hallazgos van revelándose gracias a su mismo método y que en un momento dado podrían atentar en contra de su propio deseo. La versión de Erikson pone de manifiesto que Freud construyó —a pesar de sí mismo, de sus limitaciones de época y de sus resistencias personales— un método de introspección radical, a partir de sus propios sueños y su interpretación. Sin embargo, para crear este método tuvo que lidiar con sus propios fantasmas.

En *La interpretación de los sueños*, Freud indica que la fecha citada es la que corresponde al «Sueño de la inyección de Irma»: el sueño inaugural del libro de los sueños. El antecedente es una paciente que fue tratada por él y que pertenece a su círculo de amistades familiares. Ella no sólo sufre de una angustia neurótica de la que finalmente queda libre, sino que tiene una serie de síntomas que revelan una enfermedad corporal que hace que Freud la canalice con su amigo Otto —en realidad Fliess—, quien en una reunión se encuentra con él y ante la pregunta de cómo sigue la paciente, responde de una manera inquietante: «Está mejor, pero no del todo». La respuesta molesta a Freud, porque se da cuenta de que algo no marcha bien en ese tratamiento. En ese contexto surge aproximadamente el siguiente sueño:

> En un amplio *hall* hay muchos invitados a los que recibimos; entre ellos Irma, a la que me acerco en seguida para contestar sin pérdida de momento a su carta y reprocharle no haber aceptado aún la «solución». Le digo: «Si todavía tienes dolores es exclusivamente por tu culpa». Ella me responde: «¡Si supieras qué dolores siento ahora en la garganta, el vientre y el estómago!... ¡Siento una opresión!»

Asustado, la contemplo atentamente. Está pálida y abotagada. Pienso que quizá me haya pasado inadvertido algo orgánico. La conduzco junto a una ventana y me dispongo a reconocerle la garganta. [...] abre bien la boca, y veo a la derecha una gran mancha blanca, y en otras partes singulares escaras grisáceas, cuya forma recuerda al de los cornetes de la nariz. Apresuradamente llamo al doctor M., que repite y confirma el reconocimiento... El doctor M. presenta un aspecto muy diferente al acostumbrado: está pálido, cojea y se ha afeitado la barba... Mi amigo Otto se halla ahora a su lado, y mi amigo Leopoldo percute a Irma por encima de la blusa y dice: «Tiene una zona de macidez abajo, a la izquierda, y una parte de la piel infiltrada, en el hombro izquierdo».

El doctor M. dice: «No cabe duda, es una infección. Pero no hay cuidado; sobrevendrá una disentería y se eliminará el veneno...» Sabemos también inmediatamente de qué procede la infección. Nuestro amigo Otto ha puesto recientemente a Irma, una vez que se sintió mal, una inyección con un preparado [...] No se ponen inyecciones de este género tan ligeramente... Probablemente estaría además sucia la jeringuilla.[4]

Hoy sabemos que la referencia a Irma devela la transferencia persistente y necia de Freud hacia Fliess, en la que trata de olvidar la iatrogenia[5] cometida por su amigo al dejar en la nariz de la paciente una gasa infectada tras cerrar una herida. El valor de un sueño contado en el análisis debe medirse en relación con la transferencia; es un mensaje cifrado, pero siempre con destinatario.

EL LUGAR DEL SUEÑO

En la historia del psicoanálisis el lugar del sueño es el de servir de acceso al deseo inconsciente; enfrentarnos a los sueños es atrevernos a acceder a lo prohibido, pero también —analizando con cuidado el lugar de la deformación onírica— es acceder al sitio privilegiado donde se juega la resistencia a encontrar el significado del sueño. El sueño se vale de la deformación onírica para que no accedamos al contenido reprimido de los sueños.

Por medio del sueño de la inyección de Irma, Freud arriba a la célebre formulación del sueño como «la realización de un deseo», de un anhelo. En este caso el deseo en juego es el de arrojar fuera de sí y de su colega toda culpa por el fracaso del tratamiento de Irma, y éste sería un deseo que forma parte de las preocupaciones de Freud durante la víspera. El análisis que Freud hace del sueño —siguiendo rigurosamente el método de asociación libre de cada fragmento— lo conduce a la siguiente interpretación: el sentido del sueño sería el de olvidarse de lo que le ocurre a Irma, vengándose de paso de Otto —Fliess—, de Irma, de M. y de todos aquellos que podrían reprocharle cualquier cosa en el plano de su conciencia profesional, además de que expresan que la culpa está en la inyección puesta por Otto y no en la derivación al médico erróneo.

El sueño así, tiene en lo más superficial el valor de una defensa, de un alegato frente a los que podrían acusarlo de algún tipo de culpa sobre la persistencia de la enfermedad en la paciente. Es un sueño, empero, en el que la responsabilidad moral está en un primer plano y que en su absurdo muestra el saldo negativo de la confianza injustificada de Freud en su amigo.

LOS MECANISMOS DEL SUEÑO

Mediante el sueño de Irma y los sucesivos mecanismos de «condensación» y «desplazamiento» que deforman su contenido inconsciente, Freud es advertido de su incapacidad de distinguir con buen juicio lo verdadero de lo falso y hasta lo insensato de su amistad, que lo lleva a sobrevalorar las capacidades de Fliess. Irma es el rastro de la verdad dolorosa e inaceptable que Freud se niega a sí mismo en la vigilia: se ha equivocado al escoger a su amigo y confiarle a su paciente. M. aparece maltrecho y sin barba para verificar los reveses del tratamiento de Otto. Lo que en realidad desearía Freud es que la culpa del malestar correspondiese solamente a Irma por no seguir las instrucciones del médico.

Este suceso no deja de tener sentido del humor; el sueño le dice a Freud que debería escoger mejor a todas sus amistades, que debe desconfiar de la capacidad de quienes le rodean, que él es un buen médico y ella una mal paciente. Todos parecieran quedar mal en el sueño, menos él mismo... un poco trata de justificar a Otto... pero al final, Freud no sólo se burla de los otros sino que se mofa de sí mismo; la incoherencia y la ironía del sueño lo que le muestran es su propia estupidez.

LA CLAVE ESTÁ EN EL QUE SUEÑA

Los personajes del sueño son singulares, pertenecen a una forma de vida determinada, a un contexto familiar, social e histórico propio del soñante. De hecho, cada uno de los personajes representa al soñante mismo, son la transcripción de su mundo interno mediante metáforas. Por medio del sueño todos somos artistas, creadores, escenógrafos que montamos una escena teatral con nuestros problemas, anticipando de alguna manera la solución a ellos. No es obvia la significación porque, en forma precisa, necesita traducción, pero no una traducción regida por el mandato de un intérprete exterior al soñante. De hecho, la manera de interpretar un sueño dentro del psicoanálisis es limitarse al material previamente narrado por el paciente. El analista no sabe con anticipación el significado de las quimeras oníricas, porque el único que puede llegar a la significación del sueño mismo es el soñante. Por medio de la asociación libre, actúa como un facilitador en esa labor interpretativa que deberá recaer sobre quien cuenta el sueño.

Cabe preguntarse: ¿por qué es él quien sabe y no sabe que sabe? ¿Cómo olvidó el significado de sus sueños? La respuesta es simple: no lo olvidó, sino que de alguna manera es un saber que se le ha negado desde el principio. La realidad nos impone un mundo displacentero, inhóspito que no coincide con nuestros deseos. Además de las limitaciones que impone la vida social, vivir significa renunciar a nuestros deseos y aceptar como meta y verdad el deseo del otro. Como el sueño nos muestra la realización de nuestros deseos y nos hemos convertido en animales domesticados, no reconocemos nuestros propios deseos, así que la única manera que tenemos de realizarlos es por medio de una forma simbólica, la única en que medianamente aceptamos los contenidos que reprimimos de manera habitual.[6]

PERDER EL SUEÑO

Lo que es un hecho clínico, sabido por los psicoanalistas, es que el común de los mortales enloquece por la pérdida del sueño; nuestra cordura depende de esas horas en las que nos desconectamos del mundo y vagamos por nuestra intimidad dando rienda suelta al mundo de lo imaginario. El sueño es el «pedacito real del deseo» y de la realidad misma, que podemos soportar gracias a la artimaña de estar presentes y ausentes al mismo tiempo.

En las crisis psicóticas algunos enfermos han cambiado el sueño por episodios delirantes llenos de sufrimiento, fantasías, irritabilidad y angustia. Casi podría establecerse una relación definible como: menos sueño = más delirio, y viceversa. Podemos afirmar que el aumento de las horas de dormir y la aparición de sueños es un síntoma de mejoría en aquellos pacientes que han atravesado por una crisis emocional. Freud también se refiere al poder diagnóstico de los sueños y nos habla de la posibilidad de que puedan percibirse modificaciones orgánicas —enfermedades en ciernes— durante el sueño, que no son observadas en el nivel consciente y que aparecerían señalizadas en los sueños previniendo al soñante de futuros problemas de salud.

INTERPRETAR Y DESCIFRAR

El sueño atestigua incesantemente que queremos decir otra cosa y no aquello que decimos. Es el sentido manifiesto que jamás deja de remitir al sentido oculto, en el que se expresa la arqueología privada del durmiente.

Para el psicoanalista la empresa de interpretar un sueño con el paciente obedece al propósito de introducir un significado a su vida consciente, que se establece por la subjetividad del paciente y no por la objetividad de un «diccionario de sueños»; tampoco vale la comparación de los procesos simbólicos entre el soñante y los mitos de diversas culturas, incluso la intuición y experiencia del analista pasan a segundo término.

Por eso hay que contestar con un *no* a la pregunta de si se puede interpretar las formaciones oníricas con un manual. El sueño se interpreta atendiendo a la homofonía, los juegos de palabras, y no necesariamente a las imágenes. Un sueño es como un chiste, un retruécano verbal, que no siempre es comprensible a la primera y a veces no es entendible del todo. La base que sostiene al sueño y sus imágenes está en el lenguaje —que siempre es complejo y ambiguo—, la tela misma de la que está hecha la materia humana, incluida la de sus sueños. ଔ

NOTAS

1 Relativo a la malicia sexual o a la picardía erótica.

2 No está de más resaltar que esta clarificación del sueño como una realización de deseos es una aproximación completamente naturalista que precede en muchos siglos a Freud y que fue olvidada y relegada en provecho de fantasmas, idolatrías místicas o conocimientos mágicos que presuponían significaciones divinas o cósmicas a los sueños.

3 La traducción en este caso combina la estética con el mensaje: Bella Vista.

4 Sigmund Freud, *La interpretación de los sueños*, Buenos Aires: Amorrortu, 1979.

5 Toda alteración —dañina— del estado del paciente producida por el médico.

6 Los niños —menos apegados a la educación y las leyes sociales en la formulación de sus deseos— sueñan habitualmente en forma directa la realización de los actos y deseos que no pudieron cumplir el día anterior.

LIBROS RECOMENDADOS

- Michel Foucault, Prólogo a *Sobre el sueño* de Ludwig Binswanger, *Obras Esenciales*, tomo I, Barcelona: Paidós, 1999.

- Sigmund Freud, *La interpretación de los sueños*, Buenos Aires y Madrid: Amorrortu, 1979.

- Jacques Lacan, «La instancia de la letra en el inconsciente», en *Escritos*, México: Siglo XXI Editores, 1984.

- Lancelot Law Whyte, *El inconsciente antes de Freud*, México: Joaquín Mortiz, 1967.

- Paul Ricoeur, *Freud: una interpretación de la cultura*, México: Siglo XXI Editores, 1999.

ACERCA DEL AUTOR

Julio Ortega Bobadilla consulta en Xalapa como psicoanalista y es profesor investigador del Instituto de Investigaciones Psicológicas de la Universidad Veracruzana. Imparte clases en la Facultad de Filosofía, de Psicología, antes en Letras, y actualmente es profesor de la maestría en Filosofía en la misma universidad. Ha dado seminarios y clases en el Círculo Psicoanalítico Mexicano —CPM— y la Asociación Psicoanalítica Mexicana —APM— entre otras instituciones.

Es director de la revista electrónica *Carta Psicoanalítica*: www.cartapsi.org

Estudió psicología en la UNAM, fue alumno de Marie Langer entre otros analistas reconocidos y obtuvo la maestría en Filosofía por la Universidad Veracruzana. Es doctorando de Filosofía por parte del Centro de Investigaciones y Desarrollo en Humanidades del Estado de Morelos — CIDHEM —.

Su correo electrónico es: *julius02@hotmail.com*

—Doctor, doctor, veo elefantes azules por todas partes.
—¿Ha visto ya a un psicoanalista?
—No, sólo he visto elefantes azules.

MITO 14

El psicoanálisis pretende que todos seamos normales

Amelia Jassán Djaddah

Sabemos gracias al psicoanálisis, que aun antes de nacer hay un nombre, un camino trazado con las expectativas conscientes e inconscientes de nuestros padres, imágenes fantaseadas de lo que esperan que seamos, proyectos y anhelos que ellos no pudieron realizar, el cumplimiento de sus asignaturas pendientes, caminos que pospusieron y no pudieron cursar.

La marca de semejantes movimientos dentro de nuestro ser nos hace capaces de odiar y amar, de provocar sufrimiento y dolor, así como de dar cuidado y bienestar. Permite que nos lancemos a la vida, a la productividad, al trabajo y al amor; pero también a deshacer lo construido, a castigarnos y culparnos. A veces, con rumbo vacilante, recorremos trayectos hacia «la felicidad» —no sólo la nuestra—, y también esperamos cumplir con la paz, tranquilidad y alegría de quienes nos rodean, al vernos llegar al destino que nos habían asignado. En este sentido la «normalidad» marca nuestros límites, sobre todo si consideramos «normal» a quien sigue un itinerario establecido y cumple con él; sin embargo, veremos que para el psicoanálisis la noción de *normalidad* tiene otras connotaciones y salirnos de esos límites no tiene por qué hacernos «anormales».

A VECES, EL LENGUAJE ES SALUD

Antes que nada es preciso dejar asentado cómo entiende el psicoanálisis las ideas de *patología* y *normalidad,* y por qué no se corresponden con las de *enfermedad* y *salud* de la medicina tradicional.

La medicina tiene como meta y objetivo fundamental la desaparición de la enfermedad, los síntomas serán suprimidos uno a uno hasta que se restablezca el estado anterior, el cual se presume de salud. El médico, en su examen minucioso, hará un diagnóstico y recomendará un tratamiento; de acuerdo con su conclusión se ocupará de erradicar «el mal» y vencer la patología con un arsenal clínico que hará lo necesario para eliminarla. La medicina, junto con la tecnología, buscarán los medios para evitar que la enfermedad señale nuestra vulnerabilidad.

El rumbo del psicoanálisis es otro, no se trata de una polaridad entre lo sano y lo patológico, porque tampoco emplea valores absolutos de bienestar y armonía. Freud señala que no hay vida sin conflicto y que existe dentro de la estructura de cada sujeto la oposición entre las pulsiones de vida y de muerte que ,se encuentran entrelazadas. Dentro del psiquismo existen fuerzas que tienden al cuidado de la vida, así como otras que tienden a su aniquilamiento: la muerte es base de vida y dentro de nosotros se halla una fuerza incesante que intenta regresar a lo inanimado, al silencio. Tal fuerza pulsional —que si bien se reprime y se trata de domesticar— seguirá ahí, en los intentos humanos de autodestrucción.

Por eso el psicoanalista —a diferencia del médico— escucha el sufrimiento a la vez que implica al sujeto que lo padece; no busca la normalidad, claro que le importa la terapéutica,[1] pero va más allá. Freud lo describió así en *Alocución en la casa de Goethe, en Francfort* (1930): «Lo que nosotros, yo y mis colaboradores, pudimos aprender por ese camino nos pareció sustantivo para la edificación de una ciencia del alma que permita comprender los procesos «normales» y los «patológicos» como parte de un mismo acontecer natural».[2]

EL PAPEL DEL SÍNTOMA

Por un lado sabemos que existe un anhelo de deshacernos del malestar, pero también en simultáneo, el síntoma habla de nuestras pasiones ocultas, de los pensamientos oscuros, de los crímenes simbólicos cometidos, de nuestra repetición inagotable a tropezar con la misma piedra, del disfrute silencioso y secreto de nuestro padecer. En este punto es donde radicalmente el psicoanálisis genera una marca distinta de abordaje a la problemática de lo humano.

El núcleo defensivo tendrá que irse desmoronando, el síntoma cerrará puertas para impedir el progreso de la cura, pero también creará un espacio para la entrada al «análisis», tenderá puentes para abrirse a la situación transferencial, para que el conflicto se ponga en movimiento en la relación con el analista.

Aunque el psicoanálisis fue heredero de la medicina, la clínica analítica no es médica ni psiquiátrica, es una clínica de la escucha, del discurso. Para el psicoanálisis los síntomas son tomados como material rico, con un sentido singular, como formas de expresión de lo inconsciente; pero no se eliminan, se aprovechan como preguntas que nos lanzan a caminar rumbo a la respuesta.

Más que un procedimiento médico, el psicoanálisis es una invitación a transitar los vericuetos del deseo inconsciente. En 1919, Freud formuló que los psicoanalistas no podían apropiarse del destino de aquel que va en busca de auxilio, ni imponerle sus ideales, ni debían hacer que los pacientes se parecieran a ellos. El método analítico pretende que el paciente se aventure a la travesía de descorrer el velo.

LO NORMAL NO EXISTE

Cotidianamente el mundo nos lleva al concepto de *normalidad*. Éste se encontrará enfocado a la relación con los demás, al camino «ideal» de lo que uno debería llegar a ser, a las expectativas en lo familiar, social, profesional, laboral, económico, que lanzan una demanda y nos vigilan de cerca para que paso a paso cumplamos con una promesa de amor que hicimos cuando aún no había palabras para formularla.

Se generan ideales absurdos ante una realidad humana de por sí fracturada. En los intentos culturales de normalizar, de domesticar, se pretende sofocar la angustia individual, callar un enigma personal y generar códigos y principios comunes que rijan a la sociedad. Hoy por hoy encontramos que para lograr bienestar o alcanzar los ideales del amor, de la belleza y de la salud, bastan los libros de autoayuda y son suficientes las recetas, las fórmulas y los *tips*; esto nos lleva a suponer que es posible la felicidad eterna, fácil y veloz. ¿Cómo aparecen los síntomas? A pesar de nosotros mismos: el dolor rebota, se desvía y busca rutas para ser escuchado y surgir. El dolor persevera y el cuerpo disfraza el malestar en agonías de sí mismo: anorexia, adicciones, dermatitis, migrañas, entre otras, y el alma se angustia en forma de obsesiones, fobias, ataques de pánico, etcétera. A los consultorios analíticos llegan quienes sufren, quienes buscan alivio o demandan una solución rápida y segura. A partir de múltiples imágenes se despliegan enredos, conflictos, heridas, aspiraciones truncadas, amores mal habidos, o dicho en palabras más poéticas: la vida va tejiendo nudos para anclar el malestar y no puede desatarlos.

El sufrimiento puede vivirse de diferentes maneras: muchos sufren y cargan el dolor como motor de vida, otros eligen el camino de la desesperanza o el de la negación, y algunos deciden culpar al mundo de su desdicha. Sin embargo, aquellos que se preguntaron por su dolor e intuyen que pueden hacer algo con él, o sospechan que algo en sí mismos tiene que ver con el equilibrio roto, seguramente se toparán con el rumbo de una cura analítica.

PRETENDER «NORMALIDAD» SERÍA ECLIPSAR LO HUMANO

En todos los seres humanos existe un conjunto de experiencias vividas que marcan consecuencias psíquicas de diversa índole: el encuentro con el objeto primordial —el pecho— y su pérdida, un padre que tiene exclusivo derecho de goce sobre la madre, la confrontación con las exigencias culturales, una ley que prohíbe el incesto, el descubrimiento de que el cuerpo es mortal, que es imposible ser hombre y mujer, que no basta desear para tener. Todos cursamos por estas vías, pero las significamos de manera diferente;

con más o menos suerte, con o sin recursos, los resultados tejerán una historia.[3]

De esta experiencia común y universal, el análisis pretende hilvanar una historia singular en transferencia; para esto será necesario permitir que lo inconsciente se ponga en juego, en el discurso, en los sueños, en los actos fallidos, para permitir una nueva construcción. La relación paciente-analista montará un escenario para que aquellas vivencias se encarnen en la figura del terapeuta. Aquellos fantasmas, afectos, vínculos, emociones, se repetirán en esta nueva relación, que no será una repetición sin sentido. Mientras se actualizan los conflictos desde el diván, el analista no se conformará con saber que existen enredos, sino que construirá con el analizando su significado. En el trabajo conjunto deberán permitir el surgimiento de lo inconsciente y abrir rutas para el desciframiento de los enigmas hechos historia. No hay significados establecidos ni historias repetidas, porque cada uno de nosotros tiene una criptografía diferente.

Cada uno de nosotros surca la vida en el camino individual construyendo un mundo interno. Sabemos desde la teoría freudiana cómo las fantasías, los sueños y las ideas fugaces son más decisivas en el enfrentamiento de la vida cotidiana que nuestra propia conciencia. Sin embargo, se espera desde la concepción de *normalidad* y *salud mental* que seamos capaces de discernir, evaluar, ser lógicos, hábiles para controlar nuestros impulsos y juzgar lo que es conveniente.

La razón, en oposición a la locura, pretende que enfrentemos la vida con buen juicio, serenidad y sentido común; pero es un hecho que la rabia, la angustia, la pasión, el dolor, las lágrimas y el amor usualmente no llegan a la vida acordando hora y lugar.

Locura y razón conviven en todos nosotros, en las fantasías, los sueños, los *lapsus*, en el olvido, en el error que vivimos como equívoco.

LAS RUTAS DEL MALESTAR

Freud en su texto *El malestar en la cultura* (1929) nos plantea que hay caminos que nos llevan al sufrimiento, y explica que existen al menos tres rutas:

1. **El cuerpo propio, destinado a la destrucción.** Carne, que con el paso de la vida envejece, enferma, muere; el dolor y la angustia serán señales de alarma.
2. **El mundo exterior, que puede desatar furias sobre nosotros.** Se refiere a la naturaleza destructora, al entorno y a su poder sobre nosotros.
3. **Los vínculos con otros seres humanos —tal vez el que nos trae más dolor—.** Alegrías, vocaciones frustradas, madres locas, amores malogrados, sexo bienaventurado, proyectos venideros, malestares, desilusiones, esperanza y porvenir. Pero también de todo de lo que no podemos hablar, de lo que sabemos sin saber, de aquello que pesa y cargamos sobre los hombros. Lo oscuro, el secreto portado en el cuerpo, la herida que hace surco en las noches de insomnio.

El sufrimiento está ahí, los motivos que lo desencadenan son infinitos pero habrá que transformarlos. La carga está muy cerca de los ideales de normalidad que nos impone la sociedad: unificar, normalizar, crear relatos totalizadores, perder lo singular nos hace cavar más hondo. Desde el contexto freudiano no podemos pensar en una realidad uniformada, no podemos pretender darle más valor a lo racional; al contrario, se intenta iluminar aquello de lo que es imposible hablar con dos condiciones: el rechazo a la plenitud del sentido y, al mismo tiempo, el rechazo a la ausencia de un sentido. Freud se aventura en el camino de la sospecha, no olvida la dimensión de la experiencia fundadora del inconsciente: la pérdida. Uno fecunda esa falta con la palabra que recubre, aleja, esconde y disfraza el acertijo, pero como tal, acarrea la respuesta.

LA ESCUCHA ANALÍTICA NO PUEDE ESTANDARIZARSE

Desde el diván se pone en acto cada caso en particular, no hay caminos probados; lo que sí hay es sorpresa. No hay significados establecidos ni cronologías a completar. El psicoanálisis no pretende lo normal, va en busca del desciframiento del deseo, nos invita a que hagamos uso de la palabra, a pensarnos, a «historizarnos». El «diván recubierto de palabras» sólo desenreda los hilos cuando hay una escucha a quien va dirigido.

No se pretende el equilibrio psíquico, el regreso a lo anterior o ser aún más saludable; se pretende en todo caso «pasar a otra cosa», se inicia un camino en la transformación psíquica del sujeto en el que segura e indudablemente aparecerán nuevas preguntas. ∾

NOTAS

1 Parte de la medicina que enseña los preceptos y remedios para el tratamiento de las enfermedades.
2 Sigmund Freud, *Alocución en la casa de Goethe en Francfort, Obras Completas*, tomo XXI, Buenos Aires: Amorrortu, 1979.
3 La tesis de que existe una versión universal de la historia infantil la encontramos en *El aprendiz historiador y el maestro-brujo. Del discurso identificante al discurso delirante* de Piera Aulagnier, Buenos Aires: Amorrortu, 1986.

BIBLIOGRAFÍA

Piera Aulagnier, *El aprendiz de historiador y el maestro-brujo. Del discurso identificante al discurso delirante*, Buenos Aires: Amorrortu, 1986.
Jacques Derrida, y Élisabeth Roudinesco, *Y mañana qué...*, Buenos Aires: Fondo de Cultura Económica, 2002.
Sigmund Freud, *Nuevos caminos de la terapia psicoanalítica* [1918], *Obras Completas*, tomo XVII, Buenos Aires: Amorrortu, 1978.
_____, *Más allá del principio del placer* [1920], *Obras Completas*, tomo XXI, Buenos Aires: Amorrortu, 1985.
_____, *El malestar en la cultura, Obras Completas*, tomo XXI, Buenos Aires: Amorrortu, 1979.
Julia Kristeva, *Las nuevas enfermedades del alma*, Madrid: Cátedra, 1993.
Leonardo Peskin, *Los orígenes del sujeto y su lugar en la clínica psicoanalítica*, Buenos Aires: Paidós, 2003.
Élisabeth Roudinesco, *¿Por qué el psicoanálisis?*, Buenos Aires: Paidós, 2000.

ACERCA DE LA AUTORA

Amelia Jassán Djaddah es licenciada en psicología de la Universidad Iberoamericana —UIA—, obtuvo la maestría en Psicoterapia general por la Asociación Psicoanalítica Mexicana —APM—, es Psicoanalista Docente de la UIA y la APM, coordinadora de la maestría en Psicoterapia General de la APM. Ejerce su práctica como psicoanalista de adultos en la ciudad de México. Su dirección electrónica es: *ameliajassand@hotmail.com*

GLOSARIO

abstinencia, regla de: principio según el cual el trabajo de la cura analítica no puede ser llevado a buen término a menos que se excluya todo aquello que pueda atenuar las dificultades neuróticas del paciente. Rechazo voluntario, en el caso del analista, de gratificaciones hacia el paciente para no obstruir o desviar el proceso analítico.

actos fallidos: equivocaciones comunes en apariencia casuales en las que se incurre «sin querer», pero que desde el psicoanálisis ocurren como producto del triunfo de un propósito inconsciente que alcanza sus fines. Entre los actos fallidos están los *lapsus*.

alianza de trabajo o alianza terapéutica: se refiere a la relación racional que tiene el paciente con su analista; gira en torno a la capacidad que el paciente tenga de laborar en la situación psicoanalítica.

alucinación: experiencia sensorial sin base en la realidad. Percepción sin objeto externo que se vive como real, como cuando soñamos y sentimos que el sueño es real. Lo que confiere realidad al sueño es que ocurre a nivel perceptual; es decir, que los sueños son alucinaciones.

análisis didáctico: proceso psicoanalítico que deben realizar los aspirantes a psicoanalistas como parte de su proceso formativo. El psicoanalista didáctico reúne una serie de requisitos para poder psicoanalizar a los futuros psicoanalistas; constituye la pieza fundamental de su formación.

analizabilidad: cualidad del paciente que lo hace susceptible de ser analizable.

aparato psíquico: Freud supone que la vida anímica es la función de un aparato virtual que está compuesto por varias piezas: Ello, Yo, Superyó. El aparato psíquico es una metáfora para explicar el funcionamiento de nuestra mente: operaciones en las que interviene lo consciente, lo inconsciente, lo preconsciente, el pensamiento, los afectos, los síntomas, los *lapsus*, la conciencia de sí, etcétera.

asociación libre: en la terapia psicoanalítica es verbalización espontánea, no censurada, hecha por el paciente sobre cualquier cosa que le viene a la mente y abre una vía para penetrar en el inconsciente.

atención flotante: forma en que el analista debe escuchar al paciente, sin privilegiar previamente ningún tema de su discurso y manteniendo libre su atención.

automatismo: acción que se produce por sí misma; por lo general se trata de un acto complejo realizado inconscientemente.

catarsis: desahogo de emociones, liberación completa o parcial de conflictos graves, persistentes, o de un estado de ansiedad. Liberación terapéutica saludable de ideas a través del discurso, de material consciente acompañado por la reacción emotiva apropiada; también implica la liberación de lo reprimido de la conciencia —lo olvidado—, que es material inconsciente.

compulsión: fuerza interna irresistible que obliga a realizar un acto, a veces contra los deseos del individuo.

compulsión de repetición: tendencia orientada a restaurar en situaciones particulares fenómenos ya superados, en la que el sujeto se sitúa de manera activa en situaciones penosas, repitiendo inconscientemente experiencias antiguas.

conciencia: capacidad que tiene el hombre de conocer sus estados o actos internos así como su valor moral, y este conocimiento en sí mismo. Cualidad psíquica contrapuesta al inconsciente.

conflicto intrapsíquico: contraste de motivos opuestos que pueden derivar de las más diversas necesidades, deseos o tendencias que provienen del Ello, del Yo y del Superyó; se trata de un conflicto entre las diferentes instancias.

conflicto psíquico: el funcionamiento psíquico es conflictivo porque resulta placentero para una de las instancias psíquicas —Ello, Yo Superyó—, como resulta displacentero para otra.

consciente: cualidad psíquica contrapuesta al inconsciente; que tiene conciencia de una actividad por él desarrollada o conocida.

contrato: acuerdo que se establece entre el psicoanalista y el paciente en el que se establecen de manera recíproca las condiciones bajo las que trabajarán.

contratransferencia: reacción inconsciente del analista hacia la conducta, los afectos y el paciente en general, o también como reacción hacia la transferencia del paciente. Se incluyen en este rubro las respuestas del analista hacia el paciente determinadas por sus propios conflictos y que pueden determinar sus puntos ciegos y sus percepciones distorsionadas.

costo emocional/costo mental: distribución de la carga y descarga de energía psíquica —llamada *libido*— a cargo de la mente. La salida depresiva ante una pérdida tiene un costo emocional —el sujeto no puede tramitar su tristeza— y un costo mental —el sujeto no puede sobreponerse a la pérdida y se queda enganchado en ella—. El problema emocional no se resuelve sino que se hace «síntoma»; hasta que lo pueda expresar por medio de la palabra y la emoción.

delirio: alteración del pensamiento, creencia falsa persistente que resiste a la razón.

deseo: se refiere a la tendencia, el anhelo, la necesidad, la avidez, el apetito; es decir, toda forma de movimiento para designar y lograr la realización de esta tendencia.

deseo inconsciente: deseo no conocido por el paciente que es posible descubrir a través de los síntomas.

descarga: evacuación de la energía que contiene el psiquismo.

desplazamiento: mecanismo defensivo que opera inconscientemente, en el cual una emoción es transferida de su objeto original a un sustituto más aceptable, usado para aliviar la ansiedad.

desvalimiento: desamparo, sensación de indefensión, de no poder valerse por sí mismo.

displacer: ausencia de placer, o inclusive desagrado. Aumento de tensión desagradable.

duelo: reacción psíquica ante la pérdida de un ser querido —o una abstracción de algo querido como la pérdida de la libertad, del trabajo o del país de origen—. Fundamentalmente, es un trabajo inconsciente que consiste en ir quitando uno a uno los lazos emocionales que ligaban al doliente con lo perdido, de tal modo que resulta siempre un proceso lento y doloroso que requiere un tiempo y un proceso de cicatrización natural.

elaboración: proceso en virtud del cual el analizando integra una interpretación y supera las resistencias que ésta suscita. Se trataría de una especie de trabajo psíquico que permite al sujeto aceptar ciertos elementos reprimidos y liberarse del dominio de los mecanismos repetitivos.

Ello: instancia psíquica en la que han quedado grabadas —de manera inconsciente— huellas de la herencia arcaica de la humanidad. También es la sede de lo reprimido y de donde parte la energía para el trabajo psíquico, pues del Ello parte la fuerza de las pulsiones. El Ello es inconsciente.

encuadre: condiciones dentro de las que se lleva a cabo el psicoanálisis y que el analista hace explícitas al paciente antes de iniciar el tratamiento.

entrenamiento psicoanalítico: formación para psicoanalistas que se basa en tres ejes: el teórico, para el que se asiste a seminarios presenciales; el clínico, en el que se supervisan casos que uno atiende en tratamiento, con los colegas y con analistas didactas; y el psicoanálisis personal, que es llevado a cabo con un analista didacta a razón de cuatro veces a la semana con una duración mínima de cuatro años.

entrevistas iniciales: entrevistas previas al psicoanálisis mediante las cuales el analista determina si procede o no el tratamiento psicoanalítico con el paciente.

equipo mental: metáfora que se usa para referirse al aparato psíquico que funciona bien; el equipo mental con el que se cuenta cuando las cosas del aparato psíquico sí funcionan.

Eros: término con el que los griegos designaban el amor y el dios Amor. Freud lo utiliza para designar el conjunto de las pulsiones de vida, oponiéndolas a las pulsiones de muerte.

escucha analítica: realizada por el analista en «atención flotante», sin buscar o poner atención en un tema determinado.

estados psicóticos: estados de enfermedad mental en los que se da tal regresión, que se pierde el contacto con la realidad.

etapa oral: etapa que abarca desde el nacimiento hasta los 18 meses aproximadamente. La libido está puesta en la boca, el bebé experimenta placer sexual al succionar y comer.

etapa anal: el placer en esta etapa, que se da entre los dos y los tres años, radica en la expulsión y retención de las heces fecales.

etapa fálica: etapa en la que se da el complejo de Edipo, que implica el amor por el progenitor del sexo opuesto y la rivalidad con el progenitor del mismo sexo.

excitación: estado de actividad de un elemento nervioso o muscular.

esquizofrenia: grupo confuso de perturbaciones «psicóticas» caracterizadas por alteraciones en la percepción, pensamiento desorganizado, distorsiones emocionales, delirios, alucinaciones, retiro de la realidad, conducta bizarra y lenguaje desorganizado.

formación psicoanalítica: periodo de entrenamiento académico, clínico y de análisis personal —didáctico— que lleva a cabo el aspirante a psicoanalista dentro de una institución reconocida. Igual a *entrenamiento psicoanalítico*.

formación de compromiso: síntoma emocional, psíquico. Resultado del conflicto inconsciente; puede representar en forma simbólica un deseo, la defensa contra tal deseo o un compromiso entre los dos.

fuerza pulsionante: cantidad de fuerza de trabajo contenida en la pulsión que genera tensión y que, por su aumento, es sentida como algo displacentero.

herida narcisista: se siente como una afrenta al amor a uno mismo. Puede estar ocasionada por no cumplir los dictados del ideal, o cuando se pierde al amor del objeto.

hipnosis: estado alterado de conciencia que se produce por una serie de sugestiones persuasivas, durante el cual los individuos se sienten muy sensibles a la influencia del hipnotista.

histeria: clase de neurosis que ofrece cuadros clínicos muy variados. El conflicto psíquico suele simbolizarse en los más diversos síntomas corporales —histeria de conversión— o se fija en forma más o menos duradera a un determinado objeto exterior —como las fobias en las histerias de angustia.

huella: marca psíquica que dejan las vivencias en el proceder inconsciente.

impulso: deseo, motivo o pensamiento que mueve a hacer algo. Los impulsos están originados por lo pulsional.

inconsciente: para su definición, es importante diferenciar dos «usos» que se le puedan dar a la palabra *inconsciente*: 1. *inconsciente* como modalidad de funcionamiento mental que rige la vida psíquica humana —lo inconsciente—; 2. *inconsciente* como lugar o espacio de la mente —el inconsciente—, que junto con lo preconsciente y lo consciente forman los tres espacios o tópicas del aparato mental.

inconsciente colectivo: desempeña posibilidades congénitas de la herencia de las estructuras cerebrales; son las conexiones mitológicas, los motivos e imágenes que se renuevan siempre y sin cesar, sin que haya habido tradición ni migración histórica.

insight: introspección. Autocomprensión. Una extensión de la comprensión del propio individuo acerca del origen, naturaleza y mecanismos de sus actitudes y comportamiento.

instancia: jurisdicción de la estructura psíquica en la que se realizan diferentes operaciones psíquicas. Se distinguen tres instancias: Ello, Yo y Superyó.

interpretación: traducción en palabras del analista acerca de lo que ocurre inconscientemente en el paciente. Diferencia al psicoanálisis de otras terapias que dan escasa o nula importancia a lo inconsciente.

interpretación de los sueños: técnica empleada por el psicoanálisis; representa una vía de acceso privilegiada para el estudio de los procesos inconscientes.

lapsus: un acto fallido, un tropiezo; es decir, que se intenta realizar una acción y se logra otra.

lapsus linguae: desliz en el habla, al decir una cosa por otra debido a factores inconscientes.

libido: forma en la que se manifiesta la pulsión en el psiquismo y en la sexualidad humana; la energía sexual de la pulsión que se adhiere a las personas y actividades.

libre asociación: veáse *asociación libre*.

marca: huella de memoria que deja un evento sobre el estado mental de la persona, en su parte inconsciente.

masoquismo: búsqueda de sufrimiento.

método catártico: procedimiento mediante el cual una persona libera completa o parcialmente los estados emocionales asociados a sus conflictos.

mecanismos psíquicos: forma mediante la cual se llevan a cabo todas las funciones del aparato psíquico.

moral: relativo al discernimiento entre el Bien y el Mal. Reglas de conducta acerca del Bien y el Mal, no apreciadas por los sentidos sino por el entendimiento.

narcisismo: en alusión al mito de Narciso, amor a la imagen de sí mismo.

neurosis: inadaptación emocional que surge de un conflicto inconsciente no resuelto. Menos severa que la psicosis, aunque no siempre menos incapacitante.

neurosis de destino: designa una forma de existencia caracterizada por el retorno periódico de las mismas concatenaciones de acontecimientos a los que parece hallarse sometido el sujeto como a una fatalidad exterior.

neurosis de transferencia: neurosis artificial en la cual tienden a organizarse las manifestaciones de transferencia. Surge en torno a la relación con el analista; representa una nueva edición de la neurosis clínica; su esclarecimiento descubre la neurosis tal como se origina en la infancia.

neurosis obsesivocompulsiva: caracterizada por la intrusión persistente de pensamientos no deseados, estímulos, acciones que el individuo es incapaz de detener. Las acciones pueden variar de movimientos simples a rituales complejos, tal como repetir una palabra o lavarse las manos una y otra vez.

neutralidad: una de las cualidades que definen la actitud del analista durante la cura: ser neutral en cuanto a los valores religiosos, morales y sociales, no dirigir la cura en función de un ideal cualquiera, y abstenerse de todo consejo.

privación: falta de algo que produce padecimiento.

psicología clínica: parte de la psicología humana que representa la investigación sistemática de las variaciones o desviaciones de la conducta; se distingue porque su investigación está estrechamente individualizada.

psicología profunda: forma de llamar al psicoanálisis y destacar el aspecto de profundidad que implica un proceso terapéutico de este tipo.

psicosis: nombre que se da a las enfermedades mentales en las que hay un retiro o desconocimiento de la realidad material, conocida como *locura.*

psicosis maniacodepresiva: locura en la que se alternan periodos de manía con periodos de depresión, también llamado *trastorno bipolar.*

psicoterapia: método de tratamiento de los desórdenes psíquicos o corporales que utiliza medios psicológicos y, de manera más precisa, la relación del terapeuta con el enfermo. El psicoanálisis es una forma de psicoterapia.

psique: conjunto de todos los procesos psíquicos conscientes o inconscientes: conocida antes como *mente, alma, espíritu.*

pulsión/es: fuerzas de naturaleza inconsciente que motivan la conducta de los hombres. Provienen de lo corporal, pero han sido mediadas por nuestras imágenes inconscientes.

pulsiones de muerte: fuerzas que se contraponen a las pulsiones de vida y que tienden a la reducción completa de las tensiones, es decir, a devolver al ser vivo al estado inorgánico.

pulsiones de vida: fuerzas que se contraponen a las pulsiones de muerte. Tienden a constituir unidades cada vez mayores y a mantenerlas. Las pulsiones de vida, que se designan también con el término *Eros*, abarcan no sólo las pulsiones sexuales propiamente dichas, sino también las de autoconservación.

pulsiones sexuales: empuje interno que actuará en un campo más extenso que el de las actividades sexuales, por lo que se diferencia del instinto de los animales. En psicoanálisis se hallan ligadas a las fantasías o representaciones inconscientes. Su energía es la libido.

puntos ciegos: aspectos desconocidos sobre sí mismos, ya sean del paciente o del analista.

Quantum: cantidad, relativo a la energía. En psicoanálisis está relacionado a la cantidad de afecto.

reelaboración: véase *elaboración*.

regla fundamental: nombre que se le da a la *asociación libre* que es la técnica básica del método psicoanalítico. Véase *asociación libre*.

regla de abstinencia: véase *abstinencia*.

repetición: reproducción. véase *compulsión de repetición*.

representaciones inconciliables: representaciones que se oponen a la conciencia por provenir de mociones contrarias a las permitidas por el Yo consciente que se reprimen.

represión: operación que lleva a cabo el Yo y que tiene como propósito desalojar de la conciencia algún contenido —pensamiento, recuerdo, imagen— que resulta penoso o angustioso.

resistencia: todo aquello que en los actos y palabras del paciente se opone al acceso a su inconsciente. La resistencia al psicoanálisis designa una actitud de oposición al autoconocimiento porque se revelan los deseos inconscientes que provocan una «vejación psicológica».

retroceso: regresión, retraso.

sadismo: satisfacción de infligir sufrimiento o humillación a otro.

secreto profesional: se refiere a la confidencialidad que debe garantizar todo tratamiento analítico.

sexo: placer que proviene de la zona genital e implica actividades relacionadas con esta zona.

sexología: campo de conocimientos que se refieren a los aspectos normales y patológicos de la sexualidad.

sexualidad: en psicoanálisis la sexualidad va más allá del concepto biológico, anatómico y genital para estudiar el aspecto subjetivo y social. La sexualidad es una construcción psíquica y una historia de relaciones intersubjetivas.

síntomas histéricos: signos relativos a la histeria. Existen dos variedades: conversivos y disociativos; los primeros consisten en síntomas somáticos sin causa orgánica que justifique su aparición: desmayos, pérdida de conciencia, parálisis o contracturas, pérdida repentina de alguna función sensorial como ceguera, sordera, etcétera. Los segundos corresponden a la pérdida de unidad en el funcionamiento de la personalidad: amnesias, sonambulismo, fenómenos de personalidad múltiple, estados de trance, etcétera.

Superyó: instancia que surge dentro del Yo por la influencia que tienen los padres sobre el infante durante su desarrollo. Una de sus funciones es la de medir la desviación del Yo en relación con el Ideal. También llamado Superego.

terapéutica: tratamiento para un padecimiento, como el psicoanálisis.

terapia: sufijo que indica el empleo terapéutico de una sustancia o de un agente cualquiera cuyo nombre se completa con la primera parte de la palabra compuesta, como *psicoterapia*.

terapia breve: referencia a las psicoterapias de corta duración que resuelven conflictos específicos.

transferencia: desplazamiento de impulsos, sentimientos y defensas correspondientes a una persona del pasado que se trasladan a una persona en el presente. Es un fenómeno inconsciente y por lo general quien hace el desplazamiento no repara en esta distorsión. Las personas que son causa original de las relaciones de transferencia son personajes significativos de la primera infancia. La transferencia se produce en el análisis y fuera de él; en todas las relaciones humanas existe una mezcla de reacciones realistas y no realistas.

trastorno depresivo: trastorno del estado de ánimo caracterizado por falta de pulsión de vida.

trastorno mental: perturbación de los procesos psíquicos.

trastorno psicosomático: perturbación psíquica de orden afectivo y de los trastornos viscerales que constituyen una manifestación corporal.

trauma: condición que al presentarse tempranamente en la vida excede la capacidad del psiquismo para lidiar con ella; como no puede elaborarse, deja una huella permanente.

trauma psíquico: se refiere a uno o varios sucesos que perturban e impactan de manera profunda en la mente.

vínculo terapéutico: técnica del psicoanálisis implícita en el «estar» del analista, su presencia, su voz, su compromiso, su constancia, su neutralidad, su espera, su silencio, su mobiliario elegido para el uso terapéutico, etcétera.

Yo: instancia psíquica cuya tarea es la autoconservación; organizada a partir de los influjos de la realidad que utiliza la energía del Ello. El Yo es el aparato psíquico en funciones: es pensamiento, es acción, es conciencia y en el que se siente lo placentero y lo displacentero.

COLOFÓN

Este libro fue impreso y terminado en la ciudad de México
en el mes de octubre de 2010, en Encuadernaciones Maguntis.
Se formó con las familias ITC Stone Serif e ITC Stone Sans.
Formación: Nayeli Alejandra Espinosa
Corrección: Lilia Rivera Ferreiro